普通高等院校（本科）"素质教育"系列教材
"国民素质教育"培训系列教材

演讲与口才
实训教程

赵　妍　魏　蓓/主　编◀

俞巧珍　王　洋/副主编◀

清华大学出版社
北京

内 容 简 介

本书按照教育部关于"加强国民素质教育"的要求,结合大学生演讲与口才训练,系统介绍了以下内容:演讲者素质修养、语言发声、态势语言、命题演讲、即兴演讲、社交口才、求职口才。本书还通过系列的拓展训练,帮助读者在掌握基本理论的同时提高实际应用能力。

本书力求严谨,注重与时俱进,具有知识系统、内容丰富、贴近实际、实操性强等特点,因此既可以作为普通高等院校及各类职业院校学生演讲与口才训练的首选教材,也可以用于演艺、电商网络等企业员工培训,并可以为从事文化创意创业的大学生提供必备的学习指导。

图书在版编目 (CIP) 数据

演讲与口才实训教程 / 赵妍,魏蓓主编 . —北京:清华大学出版社,2022.1(2025.1 重印)
普通高等院校(本科)"素质教育"系列教材 "国民素质教育"培训系列教材
ISBN 978-7-302-59463-5

Ⅰ.①演… Ⅱ.①赵… ②魏… Ⅲ.①演讲-高等学校-教材②口才学-高等学校-教材 Ⅳ.① H019

中国版本图书馆 CIP 数据核字 (2021) 第 217399 号

责任编辑:刘 晶
封面设计:汉风唐韵
版式设计:方加青
责任校对:王荣静
责任印制:刘 菲

出版发行:清华大学出版社
　　　　　网　　址:https://www.tup.com.cn,https://www.wqxuetang.com
　　　　　地　　址:北京清华大学学研大厦 A 座　　　　邮　　编:100084
　　　　　社 总 机:010-83470000　　　　　　　　邮　　购:010-62786544
　　　　　投稿与读者服务:010-62776969,c-service@tup.tsinghua.edu.cn
　　　　　质 量 反 馈:010-62772015,zhiliang@tup.tsinghua.edu.cn
印 装 者:小森印刷霸州有限公司
经　　销:全国新华书店
开　　本:185mm×260mm　　印　　张:12.25　　字　　数:263 千字
版　　次:2022 年 1 月第 1 版　　印　　次:2025 年 1 月第 4 次印刷
定　　价:62.00 元

产品编号:092239-01

丛书编审委员会

序 言

党和国家历来高度重视教育，特别强调全面提高学生的综合素质。1999年6月，中共中央、国务院《关于深化教育改革 全面推进素质教育的决定》对此作了明确的表述："实施素质教育就是全面贯彻党的教育方针，以提高国民素质为根本宗旨，以培养学生的创新精神和实践能力为重点，造就'有理想、有道德、有文化、有纪律'的德智体美等全面发展的社会主义建设者和接班人。"

2019年印发的《新时代公民道德建设实施纲要》对新时代公民道德建设提出了总体要求和重点任务，并对深化道德教育引导、推动道德实践养成等方面作了具体安排。中国共产党第十九届中央委员会第五次全体会议公报提出，繁荣发展文化事业和文化产业，提高国家文化软实力。坚持马克思主义在意识形态领域的指导地位，坚定文化自信，坚持以社会主义核心价值观引领文化建设，加强社会主义精神文明建设，围绕举旗帜、聚民心、育新人、兴文化、展形象的使命任务，要促进满足人民文化需求和增强人民精神力量相统一，推进社会主义文化强国建设。要提高社会文明程度，提升公共文化服务水平，健全现代文化产业体系。全会还提出，要改善人民生活品质，提高社会建设水平。坚持把实现好、维护好、发展好最广大人民根本利益作为发展的出发点和落脚点，尽力而为，量力而行。健全基本公共服务体系，完善共建共治共享的社会治理制度，扎实推动共同富裕，不断增强人民群众获得感、幸福感、安全感，促进人的全面发展和社会全面进步。要提高人民收入水平，强化就业优先政策，建设高质量教育体系，健全多层次社会保障体系，全面推进健康中国建设，实施积极应对人口老龄化国家战略，加强和创新社会治理。

依据《中华人民共和国教育法》规定的国家教育方针，本书着眼于受教育者及社会长远发展的要求，以全面提高学生的基本素质为根本宗旨，注重培养受教育者的态度、能力，以促进他们在德智体美等方面的全面发展。

素质教育内涵丰富。其宗旨是提高国民素质，目标是培养德智体美全面发展的合格公民，灵魂是思想道德教育，重点是提高创新精神和实践能力。素质教育充分考虑人与社会发展的需要，尊重人的主体地位、主动精神和个性差异，注重形成健全的人格。素质教育关注人的"能力、创造性、潜在竞争力、可持续发展"，并以促进学生的长远发展作为核心价值。由此可以看出，素质教育全面贯彻了党的教育方针。

目前，我国已进入全面建设小康社会、加快推进社会主义市场经济、加速现代化经济发展的关键时期。随着全球经济一体化进程的加快和科学技术的飞速发展，就业创业、职场竞争、婚恋家庭等社会问题越来越影响公民个人的幸福指数。从长期来看，解决这些问题的最根本和最好的办法，就是关注素质教育，加强对受教育者综合素质的培养。社会实践需要人的主观能动性、创造性；现代化建设需要人的求实精神、开拓精神、无私奉献精神；社会主义市场经济需要人的创造力、应变力、竞争力、承受力。这些从根本上说，都关乎人的素质。人才培养；就是人的素质的培养，只有不断提高人的素质，才能推进人的全面发展。

本系列教材根据《中华人民共和国教育法》确定的国家教育方针，全面贯彻党的素质教育要求，以面向高等院校大学本科、高职高专、各类职业教育院校为主，兼顾企业、社会工作者的学习需求，属于通用型"素质教育"培训教材。具体包括：大学生就业教育、大学生安全教育、大学生心理健康、人际沟通与社交礼仪、生活美学等。

本系列教材的参编单位有北京教育学院、吉林工程师范学院、首钢工学院、西南交通大学、北京财贸职业学院、华北科技学院、北京联合大学、哈尔滨师范大学、北方工业大学、牡丹江大学、北京科技大学、大连工业大学、山西大学、郑州大学等全国 30 多所高校。

本系列教材作为"大学生素质教育"的特色教材，坚持科学发展观，力求严谨，注重与时俱进。按照素质教育要求提出的施教规律，全面贯彻国家新近颁布实施的《教育重大突发事件专项督导暂行办法》等教育法规及管理规定；注重结合大学生遇到的各种实际问题，力求促进读者德智体美等全面发展，突出培养读者的创新精神和实践能力。

本系列教材的出版，对帮助大学生提高综合素质、提升综合竞争力乃至普及国民素质教育具有重要意义。

编委会主任　牟惟仲

2021 年 8 月

前　言

随着经济的快速发展，各种各样的商务交往、商务合作、文化交流日趋频繁，演讲与口才，多指敢说、能说、会说、巧说，已逐渐成为有效沟通与合作的重要手段。

一个人的成功，不仅取决于知识储备，也取决于表达、沟通等综合能力，即发表自己的意见和激发他人沟通欲望的能力。语言是一种工具，它使我们的意愿和思想得到交流，演讲不仅是获取信息的重要途径，也是加强联系的有效手段，出色的演讲口才可使熟识的人情更浓，使陌生人产生联系，使有分歧的人相互理解。

演讲与口才是一门艺术，也是逐渐被人们重视的新兴课程，这门课程已被越来越多的本科院校纳入教学计划。随着时代的进步和社会文明的发展，演讲与口才越来越成为现代人适应社会发展的一项重要能力。演讲与口才训练是许多高校素质教育的必修课程，也是当代大学生必须掌握的技能。当今社会，一个人的表达、沟通能力，越来越成为考查个人综合能力的重要标准。

本书作为大学生素质教育的特色教材，以《国家中长期教育改革和发展规划纲要（2010—2020年）》为指导，坚持科学发展观，严格按照国家教育部关于"加强国民素质教育"的要求而编写。本书的出版对加强大学生演讲与口才训练，提高就业、创业竞争力具有积极作用和重要意义。

本书共八章，立足大学生的人生长远规划，以大学生综合素质与能力培养为主线，能够有力配合国家正在实施的大学生就业、创新创业工程。本书系统介绍了以下内容：演讲者素质修养、语言发声、态势语言、命题演讲、即兴演讲、社交口才、求职口才，每章后配有专门的拓展与应用内容，以提高读者的实际应用能力。

由于本书融入了演讲与口才最新的实践教学理念，力求严谨，注重与时俱进，具有知识系统、内容丰富、贴近实际、实操性强等特点，因此既可以作为普通高等院校及各类职业院校学生"演讲与口才"课程的首选教材，也可以用于演艺、电商网络等企业员工培训，并可以为从事文化创意创业的大学生提供必备的学习指导。

本书由李大军统筹策划并具体组织编写；赵妍和魏蓓任主编，赵妍统改稿；俞巧珍、王洋任副主编；张美云教授任主审。作者编写分工如下：牟惟仲（序言），王洋（第一章），王锐（第二章、第四章），俞巧珍（第三章、第六章），魏蓓（第五章、附录），赵妍（第七章、第八章）；李晓新（文字修改、版式调整、制作教学课件）。

在编著过程中，我们参阅了大量有关演讲与口才训练的最新书刊、网站资料，以及国家教育部、语言文字工作委员会颁布实施的各项管理规定，并得到有关专家的具体指导，在此一并致谢。为配合教学，本书配有电子课件，读者可以从清华大学出版社网站（www.tup.com.cn）免费下载使用。因作者水平有限，书中难免存在疏漏和不足，恳请读者批评指正。

编者

2021 年 8 月

目　录

1. 了解演讲的基本概念和特点。
2. 充分认识演讲与口才的重要性。
3. 掌握演讲与口才的基本原则。

导　语

　　演讲是一项源远流长的社会活动，它伴随着人类文明发展的整个过程。在西方，提到演讲，大家马上就能想到古希腊、古罗马时期哲学家们的辩论。演讲不仅是一种独特的文化产业，更推动了历史的发展。演讲在文艺复兴、宗教改革、启蒙运动甚至"二战"中都起到了举足轻重的作用。时至今日，世界各国对于演讲艺术也是倍加推崇，不论是在课堂还是政府的竞选活动中，都能看到演讲的身影。

　　在中国，四千多年前的华夏大地上就诞生了演讲的雏形。中国有资料记载的最早的一篇演讲稿，是《尚书》中夏启征讨有扈氏时发表的一篇"战前动员令"——《甘誓》。到了春秋战国时期，诸子百家和策士说客为了宣传自己的思想主张，或游说诸侯，或著书立说，或办学授徒，出现了"百家争鸣"的局面。

　　无数事实说明，演讲在历史上发挥了巨大作用。对于我们普通人而言，日常的工作、学习中也不可避免地参与各种形式的演讲活动。因此，充分了解演讲的基础知识，勤加练习，普通人也可以收获良好的演讲效果；我们也可以抓住每一次讲话的机会，充分展现自我，让成功的可能性无限增大。

第一节　演讲知识概说

小贴士　　演讲是人人都有的一种潜在能力，问题在于每个人是否发现、发展和利用这种天资。一个人能站起来当众讲话是迈向成功的关键性一步。

——（美国）戴尔·卡耐基

　　演讲是一门科学，也是一门艺术。那么什么是演讲呢？

一、演讲的含义

演讲又称为演说或者讲演。它是一种言语表现形式，但并非所有的言语表现形式都是演讲。人们的自言自语、感叹唏嘘不是演讲；日常的寒暄聊天、个别交谈也不是演讲。如果望文生义，简单地把"演讲"解释为"表演+讲话"，就有些偏颇了。

著名演讲家邵守义先生给演讲下过比较系统和权威的定义：演讲者在特定的时空和环境中，借助有声语言（为主）和态势语言（为辅）的艺术手段，针对社会的现实和未来，面对广大听众发表意见、抒发情感，从而达到感召听众并促使其行为的一种现实的信息交流活动，这就是演讲。

二、演讲的特征

（一）现实性

演讲的内容要与现实生活紧密相关，它要提出和解答现实生活中人们关心的问题，所以演讲的主旨和材料必须是从现实生活中提炼出来的。它是演讲者通过对社会现实的判断和评价，直接向广大听众公开陈述自己的主张和看法的现实活动。

历史上著名的演讲大多具有强烈的现实性，比如古希腊演说家伊索格拉底的《泛希腊集会辞》、我国现存最早的军事演说词《甘誓》、最早的政治演说词《盘庚》，以及毛泽东的《反对党八股》、周恩来的《中美友好来往的大门终于打开了》，等等。

经典赏析　　**同舟共济克时艰，命运与共创未来**

——在博鳌亚洲论坛 2021 年年会开幕式上的视频主旨演讲

2021 年 4 月 20 日，北京

中华人民共和国主席　习近平

尊敬的各位国家元首、政府首脑，

尊敬的各位国际组织负责人，

尊敬的各位博鳌亚洲论坛理事，

各位来宾，

女士们，先生们，朋友们：

"与君远相知，不道云海深。"很高兴出席博鳌亚洲论坛 2021 年年会，同大家在"云端"相聚。首先，我代表中国政府和中国人民，并以我个人的名义，对出席会议的线上线下所有嘉宾，表示热烈的欢迎！对各位新老朋友，表示诚挚的问候和美好的祝愿！

今年是论坛成立 20 周年。20 年来，亚洲国家深入推动区域经济一体化，协力促进经济社会发展，推动亚洲成为全球经济最具活力和增长潜力的地区。亚洲和世界各国携手应对恐怖主义、印度洋海啸、国际金融危机、新冠肺炎疫情等传统安全和非传统安全威胁，努力维护地区稳定和安全。作为亚洲大家庭重要成员，中国不断深化改革开放，积极推动地区合作，与亚洲同进步，与世界共发展。论坛见证了中国、亚洲、世界走过的不平凡历程，为促进亚洲和世界发展发挥了重要影响力、推动力。

女士们、先生们、朋友们！

本届年会是在特殊背景下召开的。年会以"世界大变局：共襄全球治理盛举，合奏'一带一路'强音"为主题，恰逢其时，具有重要现实意义。

当前，百年变局和世纪疫情交织叠加，世界进入动荡变革期，不稳定性不确定性显著上升。人类社会面临的治理赤字、信任赤字、发展赤字、和平赤字有增无减，实现普遍安全、促进共同发展依然任重道远。同时，世界多极化趋势没有根本改变，经济全球化展现出新的韧性，维护多边主义、加强沟通协作的呼声更加强烈。我们所处的是一个充满挑战的时代，也是一个充满希望的时代。

人类社会应该向何处去？我们应该为子孙后代创造一个什么样的未来？对这一重大命题，我们要从人类共同利益出发，以负责任态度作出明智选择。

中方倡议，亚洲和世界各国要回应时代呼唤，携手共克疫情，加强全球治理，朝着构建人类命运共同体方向不断迈进。

——我们要平等协商，开创共赢共享的未来。全球治理应该符合变化了的世界政治经济格局，顺应和平发展合作共赢的历史趋势，满足应对全球性挑战的现实需要。我们应该秉持共商共建共享原则，坚持真正的多边主义，推动全球治理体系朝着更加公正合理的方向发展。要维护以联合国为核心的国际体系，维护以国际法为基础的国际秩序，维护以世界贸易组织为核心的多边贸易体制。国际上的事应该由大家共同商量着办，世界前途命运应该由各国共同掌握，不能把一个或几个国家制定的规则强加于人，也不能由个别国家的单边主义给整个世界"带节奏"。世界要公道，不要霸道。大国要有大国的样子，要展现更多责任担当。

——我们要开放创新，开创发展繁荣的未来。开放是发展进步的必由之路，也是促进疫后经济复苏的关键。我们要推动贸易和投资自由化便利化，深化区域经济一体化，巩固供应链、产业链、数据链、人才链，构建开放型世界经济。要深化互联互通伙伴关系建设，推进基础设施联通，畅通经济运行的血脉和经络。要抓住新一轮科技革命和产业变革的历史机遇，大力发展数字经济，在人工智能、生物医药、现代能源等领域加强交流合作，使科技创新成果更好造福各国人民。在经济全球化时代，开放融通是不可阻挡的历史趋势，人为"筑墙""脱钩"违背经济规律和市场规则，损人不利己。

——我们要同舟共济，开创健康安全的未来。战疫仍在进行，胜利终将到来。我们要坚持人民至上、生命至上，加强信息共享和联防联控，提升卫生医疗合作水平，充分发挥世界卫生组织关键作用。要加强疫苗研发、生产、分配国际合作，提高疫苗在发展中国家的可及性和可负担性，让各国人民真正用得上、用得起。要全面加强全球公共卫生安全治理，共同构建人类卫生健康共同体。要坚持绿色发展理念，共同推进应对气候变化国际合作，加大落实应对气候变化《巴黎协定》。要坚持共同但有区别的责任原则，解决发展中国家在资金、技术、能力建设方面的关切。

——我们要坚守正义，开创互尊互鉴的未来。多样性是世界的基本特征，也是人类文明的魅力所在。经历了疫情洗礼，各国人民更加清晰地认识到，要摒弃冷战思维和零和博弈，反对任何形式的"新冷战"和意识形态对抗。国与国相处，要把平等相待、互尊互信挺在前面，动辄对他国颐指气使、干涉内政不得人心。要弘扬和平、发展、公平、正义、民主、自由的全人类共同价值，倡导不同文明交流互鉴，促进人类文明发展。

在此，我宣布，中方将在疫情得到控制后即举办第二届亚洲文明对话大会，为促进亚洲和世界文明对话发挥积极作用。

女士们、先生们、朋友们！

我多次说过，"一带一路"是大家携手前进的阳光大道，不是某一方的私家小路。所有感兴趣的国家都可以加入进来，共同参与、共同合作、共同受益。共建"一带一路"追求的是发展，崇尚的是共赢，传递的是希望。

面向未来，我们将同各方继续高质量共建"一带一路"，践行共商共建共享原则，弘扬开放、绿色、廉洁理念，努力实现高标准、惠民生、可持续目标。

——我们将建设更紧密的卫生合作伙伴关系。中国企业已经在印度尼西亚、巴西、阿联酋、马来西亚、巴基斯坦、土耳其等共建"一带一路"伙伴国开展疫苗联合生产。我们将在传染病防控、公共卫生、传统医药等领域同各方拓展合作，共同护佑各国人民生命安全和身体健康。

——我们将建设更紧密的互联互通伙伴关系。中方将同各方携手，加强基础设施"硬联通"以及规则标准"软联通"，畅通贸易和投资合作渠道，积极发展丝路电商，共同开辟融合发展的光明前景。

——我们将建设更紧密的绿色发展伙伴关系。加强绿色基建、绿色能源、绿色金融等领域合作，完善"一带一路"绿色发展国际联盟、"一带一路"绿色投资原则等多边合作平台，让绿色切实成为共建"一带一路"的底色。

——我们将建设更紧密的开放包容伙伴关系。世界银行有关报告认为，到2030年，共建"一带一路"有望帮助全球760万人摆脱极端贫困、3200万人摆脱中度贫困。我们将本着开放包容精神，同愿意参与的各相关方共同努力，把"一带一路"建成"减贫之路""增长之路"，为人类走向共同繁荣作出积极贡献。

女士们、先生们、朋友们！

2021年，是中国共产党成立100周年。100年来，中国共产党筚路蓝缕、求索奋进，为中国人民谋幸福，为中华民族谋复兴，为世界谋大同，不仅使中华民族迎来了从站起来、富起来到强起来的伟大飞跃，也为人类文明和进步事业作出了卓越贡献。中国将继续做世界和平的建设者、全球发展的贡献者、国际秩序的维护者。

中国将始终高举和平、发展、合作、共赢旗帜，在和平共处五项原则基础上拓展同各国友好合作，积极推动构建新型国际关系。中国将继续同世界卫生组织以及各国开展抗疫合作，坚守疫苗作为全球公共产品的承诺，为发展中国家战胜疫情提供更多帮助。中国无论发展到什么程度，永远不称霸、不扩张、不谋求势力范围，不搞军备竞赛。中国将积极参与贸易和投资领域多边合作，全面实施《外商投资法》和相关配套法规，继续缩减外资准入负面清单，推进海南自由贸易港建设，推动建设更高水平开放型经济新体制。欢迎各方分享中国市场的巨大机遇。

女士们、先生们、朋友们！

同舟共济扬帆起，乘风破浪万里航。尽管有时会遭遇惊涛骇浪和逆流险滩，但只要我们齐心协力、把准航向，人类社会发展的巨轮必将行稳致远，驶向更加美好的未来！

谢谢大家。

（来源：新华社）

点评：

这次演讲在国际社会引起强烈反响，是因为它在历史最需要的时候，说出了当时国际社会最需要的话。演讲只有具有现实意义，才能达到感召听众、说服听众、影响听众的目的。

（二）艺术性

演讲不仅是一种现实性的社会实践活动，也是一种带有艺术性的社会实践活动。这里的艺术性是现实活动的艺术，为了最大限度地达到启迪心智、感人肺腑的目的，演讲最好做到"晓之以理，动之以情，喻之以利，导之以行"。

这就需要借助一些艺术手段表现出演讲的感染力。如演讲者在发表演讲时，可以发挥有相声语言的诙谐幽默和诗歌语言的优美精炼；演讲者在叙述事件和描述人物时，可兼备戏剧和小说创作的一些艺术特点。

演讲的艺术性还在于它具有文学特征，朗诵的艺术色彩和富有感召力的体态语言，形成了统一的整体感和协调感，即演讲中的各种因素（语言、声音、表演、形象、时间、环境）形成一种相互依存、相互协调的美感。但是，演讲并不等同于文学艺术作品，文学艺术作品常常运用典型化手法，形象地、间接地反映社会生活，但其本身并不等于现实生活；而演讲则是直接地表现生活，其本身是现实生活内容的直接体现。

（三）广泛性

演讲作为与社会公众交流的一种形式，它的适用面很广泛。从演讲的主题来看，不管是政治、经济、军事、外交，还是学术、宗教、伦理道德或是其他社会话题，都可以作为演讲的题材；从演讲者来看，不论是政治家、军事家、科学家还是工人、农民、教师等，都有可能成为优秀的演讲者。

从演讲的听众来看，不论是男、女、老、少，还是工、农、学、商，只要愿意听，都可以成为演讲的听众；从演讲的场地来看，不论是礼堂、课堂还是广场、街头巷尾，都可以作为演讲的场地。演讲是一种沟通和表达的工具，任何人都可以利用演讲这一工具来传授知识、交流思想、表达感情。

演讲还能紧密地配合形势，适应现实社会的多种需要，深入人类社会生活的方方面面：宣传活动要演讲，欢庆纪念、求职面试、竞选职务、论文答辩、文化沙龙等也需要演讲。可以说，演讲已经成为一种群众性、大众化的社会实践活动，已经成为人们工作和生活的一部分。

（四）带动性

古希腊演讲家德摩斯梯尼曾经对他的朋友这样说道："你所讲的，只令人说个'好'字，而我却能使听的人一起跳起来，众口同声地说'让我们赶快去抵抗腓力！'"德摩斯梯尼的这种演讲效果，就是源自演讲的带动性。

演讲活动一向被喻为进行宣传教育、政治斗争的有力武器。人们通过演讲来宣传真理、统一思想、赢得支持，从而引导他人的行为。从这个意义上说，没有带动性，就不能称为演讲。从这个意义上，也可以说是否具有带动性是演讲成功与否的一个标志。

经典赏析　　　　**坚守人生底色，绘就壮美画图**
——在 2021 年本科生毕业典礼上的讲话
清华大学校长　邱勇

亲爱的同学们，老师们，亲友们，来宾们：

今天，是一个让人难忘的日子。3000 多名同学顺利完成本科学业，即将踏上人生新征程。在此我向你们和你们的家人表示最热烈的祝贺！向悉心指导你们的老师表示衷心的感谢！

2021 年是值得你们铭记一生的年份，你们获得了第一个学位，为多彩的人生画卷增添了亮丽的一笔。2021 年对中国来说更是一个永载史册的年份，困扰中华民族千百年来的绝对贫困问题得到了历史性解决，全面建成小康社会取得了伟大历史性成就。

"看似寻常最奇崛，成如容易却艰辛。"回望 100 年前，神州陆沉、生灵涂炭，不甘屈辱的中华民族从苦难中奋起抗争，百折不挠地探寻救亡图存的出路。1922 年，英国著名学者罗素在《中国问题》一书中预言，"在接下来的两个世纪里，全世界将受到中国时局发展的重大影响"，中国人有能力"综合中西文明之功，取得辉煌成就"。百年风云激荡，中国共产党秉持为中国人民谋幸福、为中华民族谋复兴的初心使命，团结带领中国人民实现了从站起来、富起来到强起来的伟大飞跃。

今天的中国是戊戌变法失败后被迫流亡日本的梁启超先生所热切期盼的少年中国：富强进步，其道大光，美哉壮哉，雄于地球。今天的中国是 1935 年身陷囹圄的革命先烈方志敏所满怀憧憬的可爱的中国：到处都是活跃跃的创造，到处都是日新月异的进步，欢歌代替了悲叹，富裕代替了贫穷，拥有可赞美的光明前途。今天，充满生机活力的社会主义中国巍然屹立在世界东方，我们深感自豪！我们更加坚信，中华民族不仅有在自力更生的基础上光复旧物的决心，有自立于世界民族之林的能力，更有实现伟大复兴中国梦的坚定信念和磅礴力量！

2021 年是清华大学建校 110 周年。校庆前夕，习近平总书记在来校考察时强调，清华大学秉持自强不息、厚德载物的校训，深化改革、加快创新，各项事业欣欣向荣，科研创新成果与国家发展需要丝丝相扣，展现了清华人的勇毅和担当。

同学们，在欣欣向荣的清华园，你们见证了清华田径队从"九连冠"到"十二连冠"的光辉历程，见证了学生超算团队再度包揽世界三大超算竞赛冠军的荣耀时刻。在四教的智慧教室里，你们收获了全新的学习交流体验。在疫情期间的在线教学过程中，你们对"课堂"的含义有了新的理解：所谓课堂者，非谓有教室之谓也，有师生之谓也；有师生在，课堂就在；学生在哪里，课堂就延伸到哪里。

从你们这一级开始，学校恢复了不会游泳不能毕业的老校规。经过大家的努力，在全体应测同学中，超过 99% 的同学通过了游泳测试，清澈的泳道见证了"体魄与人格并重"的清华体育传统在你们身上的传承。今天，你们每一个人都戴上了绣着你们名字和学号的毕业纪念徽章，丝丝密密的金线承载着母校对你们无限的美好祝福。今天，你们每一个人都穿上了以紫色打底，以紫荆花、丁香花装饰的新版学位服，同学们说这是学校给大家披上的"紫荆战袍"。此时此刻，身披战袍、意气风发的你们是清华园最美的风景，是敢于破壁、永远追光的最美少年！

110 年春风化雨，110 年行健不息。深厚的历史文化积淀、一代代清华人的接续奋斗，成就了清华的卓越，铸就了清华的品格。生于危难、知耻图强，"挽既倒之狂澜，作中流之砥柱"，这是清华；坚守不可放弃的教书育人职责，以广育祖国和人民需要的各类人才为根本使命和无上荣光，这是清华；把服务国家作为最高追求、在服务国家的历史进程中成就一流的高度，这是清华。

清华 110 年的办学成就与价值追求充分印证，世间上百年名校无非育人。大学要永远把育人放在最重要的位置上，要努力为青年学子打下最可宝贵的人生底色。同学们，你们要坚守人生底色，在广阔天地中铺展人生画卷，在大有可为的时代里绽放人生光彩。

人生底色奠定人生格局。底色是绘画作品创作前铺垫的基础色，决定了画面总的色彩倾向和基调，构建了作品的气质和风格。人生底色是一个人最核心的精神品质，体现了一个人最深层的价值观，决定了人的志向，塑造了人的品格气度。"器之所堪，视其量之所函；量之所函，视其志之所持。"同学们，希望你们爱国奉献、志存高远，跳出孤芳自赏的狭小天地，拓展为国为民为天下的人生格局，成就更有境界的人生。

要守之以德，永葆鲜亮的人生底色。鲜亮的人生底色是"香远益清，亭亭净植"的品性，是"青青好颜色，落落任孤直"的风骨，是"不要人夸颜色好，只留清气满乾坤"的胸襟。面对纷繁世界的无数诱惑，要自重自省、自警自律，常葆蕙兰情性、梅竹精神，让人生底色永不蒙尘、永不褪色。无论身处何种环境，都要明辨是非、恪守正道、保持定力，"不以毁誉累其心，不以宠辱更其守"。厚德者，行致远；守节者，品自高。同学们，希望你们永远保持"清"之高洁、"华"之繁茂，做到稳重自持、从容自信、坚定自励，成就更有品位的人生。

要起而行之，在追求卓越中绘就壮美人生。底色为画作提供了丰富的背景，但仅靠底色是无法成就好作品的。扎实的行动是绘就人生画卷最有质感的笔触。10 天前刚刚离开我们的百岁校友、著名翻译家许渊冲学长，1938 年进入西南联大学习，1944 年考入清华大学研究院外国文学研究所。他曾说"做学问不容易，要的是清华讲的求真精神"。"自强不息是什么意思？用白话文来说就是好上加好，精益求精，不到绝顶，永远不停"。他毕生从事文学翻译工作，追求"意美音美形美"，百岁高龄仍笔耕不辍，被誉为"诗译英法唯一人"。同学们，自强的清华人永远保持奋进的姿态、永远追求卓越，希望你们把行胜于言作为人生的座右铭，在久久为功、止于至善的奋进中成就更有高度的人生。

东风浩荡乾坤大，万里河山绘画图。站在新的起点上，自信的中国正迈出不可阻挡的铿锵步伐，迎着民族复兴的光明前景、向着第二个百年奋斗目标勇毅前行。锦绣河山，如此多娇，正是铺展人生画卷的大舞台。同学少年，风华正茂，正是放飞梦想、挥斥方遒的好年华。我坚信，生逢盛世、肩负重任的你们一定会坚守人生底色，拓展人生格局，在神州腾飞、强国逐梦的大好时代里绘就壮美的人生画图！

水木清华，值得一生铭记；大地清华，值得一生追寻。同学们，今天是一个让人眷恋的日子。我希望你们记住，清华永远是你们温暖的家！

（来源："清华大学"微信公众号）

点评：

带动性是演讲的主要特征，也是演讲取得成功的力量所在。这篇演讲赢得了学生们的阵阵掌声，也是源于此。

三、演讲的媒介

演讲者要想发表自己的意见，陈述自己的观点和主张，从而达到影响、说服、感染他人的目的，就必须借助与其内容相一致的传达手段。有声语言和态势语言是演讲活动中传情达意的主要媒介。

（一）有声语言

有声语言是演讲活动中传递信息、表达思想最主要的媒介和物质表达手段。有声语言由语言和声音两个要素构成，以流动的方式运载着演讲者的主张、见解、态度和情感，从而产生说服力、感召力，使听众受到教育和鼓舞。

演讲者的语言要准确、简洁、通俗、生动，声音要洪亮、清晰，语气、语调要富于变化，做到科学性和艺术性的完美结合。

（二）态势语言

除了有声语言之外，演讲还必须辅之以相应的态势语言。所谓的态势语言，就是指在一定程度上能辅助有声语言表达思想感情的眼神、表情、体态、手势等。根据邵守义先生对"演讲"的定义，在演讲中，应以有声语言为主，相应的态势语言为辅。在演讲中使用恰当的态势语言，不仅可以使听众的听觉器官发挥作用，而且可以使听众的视觉器官也同时发挥作用，增强演讲的表现力和感染力。

有声语言和态势语言作为演讲的媒介，必须有机结合起来，只有它们二者相得益彰，共同发挥作用，才能使演讲生动感人，达到预期的效果。

四、演讲的分类

演讲按照不同的标准有不同的分类，可以按照内容、形式、目的等标准进行划分。

（一）根据演讲内容划分

根据演讲的内容，可以把演讲分为政治演讲、军事演讲、外交演讲、生活演讲等类型。

（二）根据演讲形式划分

根据演讲的形式，可以把演讲分为命题演讲、即兴演讲、辩论演讲等类型。

（三）根据演讲目的划分

根据演讲的目的，可以把演讲分为传授性演讲、带动性演讲、娱乐性演讲、说服性演讲等类型。

对于演讲类别的划分，标准并不是绝对的。由于着眼点不同，演讲分类的标准也是多种多样的，以上只是介绍了几种常见的类型。

小测试

自我演讲能力测试

测试说明

这个测试可以使你更好地了解自己的演讲能力，请诚实作答。在测试结束后，请根据"选项得分对照表"计算出你的测试成绩，并根据"得分建议"评估你的演讲能力。

测试题目

请仔细阅读下列句子，选出与你的情况最接近的选项，以评估你的演讲能力。

1. 我喜欢当众讲话的感觉。

①从不　②有时　③经常　④总是

2. 在正式当众讲话之前，我会围绕讲话主题收集资料。

①从不　②有时　③经常　④总是

3. 在当众讲话之前，我会反复排练，直到自己满意为止。

①从不　②有时　③经常　④总是

4. 我会运用一些图片来加强我的讲话主题。

①从不　②有时　③经常　④总是

5. 我也很喜欢听别人的演讲。

①从不　②有时　③经常　④总是

6. 讲话一开始我便能吸引听众的注意力。

①从不　②有时　③经常　④总是

7. 我讲话的音量和节奏似乎很适合听众。

①从不　②有时　③经常　④总是

8. 我自始至终都讲得流利、自信。

①从不　②有时　③经常　④总是

9. 我自始至终与全场听众保持目光接触。

①从不　②有时　③经常　④总是

10. 我的演讲令听众感兴趣，并能让他们提问。

①从不　②有时　③经常　④总是

11. 回答怪异或有敌意的问题时，我能保持冷静。

①从不　②有时　③经常　④总是

12. 我的回答中肯，能使听众保持兴趣。

①从不　②有时　③经常　④总是

选项得分对照表

①从不——1分

②有时——2分

③经常——3 分

④总是——4 分

测试结果说明：

48—43 分　恭喜，你的演讲水平很高，有机会可以多帮助一下你身边的小伙伴哦！

42—38 分　你的演讲水平很不错，继续加油哦！

37—33 分　你的演讲水平良好，需多加练习！

32—28 分　你的演讲水平还需要加把劲儿哦！

28 分以下　快加入演讲训练营去学习提升一下吧！

第二节　口才基本知识概说

口才，也就是口语表达的才能，它在谈话、辩论、演讲、谈判等社交活动中均可表现出来。我国自古以来就有重视语言表达才能的传统，政治统治者和社会管理者很早就充分认识到口语表达在安邦定国、社会交际中的作用。

例如我们常说的"一人之辩，重于九鼎之宝；三寸之舌，强于百万之师"便典出刘勰的《文心雕龙·论说》，把国家兴亡同舌辩的力量紧密联系在一起，用"九鼎之宝"和"百万之师"来类比，充分揭示了口才在国家治理中的重要作用。

随着社会的发展，人们对口才的重视程度也达到了前所未有的高度，口才已成为衡量一个人综合素质的标准之一。因此，学习说话、讲究说话的技巧和艺术是非常必要的。

一、口才的含义

根据《辞源》的解释，"口才"是指"善于说话的才能"。而"口才"在《现代汉语词典》中的定义为：说话的才能。简要地说，口才是口语交际中说话（即口语表达）的才能。具体地说，口才是指在交谈、演讲和辩论等口语交际活动中，表达者根据特定的交际目的和任务，运用口语表达思想感情、进行沟通交流的才能。

语言从它产生之时起就是以"使用"为基本功能的，好的口才，更是在实践中积累和锤炼出来的。所以，古代人对口才作了种种比喻和形容，如："能说会道""口若悬河""三寸不烂之舌""王婆卖瓜，自卖自夸"……这些都是"口才"在实用中衍生出的成语、俗语。

真正的口才是和一个人的精神气质、思想品格、学识素养分不开的。它是一种综合能力，包括表达、聆听、应变等多项能力；口才也是一种心理技能，离不开知觉、观察、记忆、思维、想象等心理活动的共同运作。性格、能力、气质等个性特征又决定着认识能力和表达能力的高低以及口语表达的风格。某种程度上说，口才已经不仅仅是"口"上的能力了，还包含了身体语言、观察能力和思维能力。

邵守义教授认为，好口才的标准是言之有理、言之有物、言之有序、言之有文。

二、培养良好口才的途径

（一）积累丰富的知识

人的才能是由丰富的知识转化而来的，一个人才能的大小，很大程度上取决于知识积累的多寡、深浅和知识体系的完善程度。想要练就良好的口才，就要不断地汲取知识、开阔眼界，不断用知识的雨露来滋养自己。

（二）勤学苦练

有句格言是这么说的："诗人是天生的，演说家是后天的。"还有人说，口才是"一分天才，九分努力"磨炼出来的。很多伟大的演讲家刚开始的时候都是一个蹩脚的演讲者。"说"是人类与生俱来的能力；"会道"则是人类在不断的练习中所习得的能力。

经典赏析

古希腊十大演说家之一德摩斯梯尼天生的口才条件并不好，他唇齿间天生有些毛病，当他第一次公开演说时，大家纷纷嘲笑他声音沙哑，动作笨拙。面对轻视，他决心用艰苦的磨炼来改变这一切。

于是，他每天站在镜前练习发音，矫正形体动作；为了发音洪亮，他来到海边，来到山林，对着咆哮的海浪，对着呼啸的山风，放声高呼；为了使语音清晰可辨，他把小石头含在口里，朗诵诗句，小石头碰破了嘴，沾满了鲜血他也照练不误；为了提升肺活量，他边登山边大声朗读，每天反复进行……就这样，他终于做到了说话清晰明快，动作果断有力，可以从容应答，慷慨陈词。

至今，他的几十篇演说辞和刻苦磨炼的事迹仍被人们传颂。

被誉为"世纪演讲家"的丘吉尔，原先讲话结结巴巴，口齿不清，并没有当演讲家的先天条件。他没有受过大学教育，身高仅五英尺，没有堂堂的仪表，声音也不够洪亮。

在议会下院最初的一场演讲中，他讲到一半就跑下台来。

那么，先天条件不足的丘吉尔何以获得举世皆知的雄辩口才呢？他的成功秘诀同样也是"勤学苦练"。丘吉尔的儿子说："我的父亲把自己一生中最宝贵的年华都花在写演讲稿和背演讲稿上了。"

美国前总统林肯为了练口才，徒步30英里，到一个法院去听律师们的辩护词，看他们如何论辩、如何做手势，他一边倾听，一边模仿。他听到那些云游八方的传教士挥舞手臂、声震长空的布道，回来后也学他们的样子。他曾经对着树桩、成行的玉米练习口才。

我国早期无产阶级革命家、演讲家萧楚女，更是靠平时的艰苦训练，练就了非凡的口才。萧楚女在"重庆第二女子师范"教书时，除了认真备课外，他每天天刚亮就在学校后面的山上找一处僻静的地方，把一面镜子挂在树枝上，对着镜子开始练演讲，从镜子中观察自己的表情和动作。经过这样的刻苦训练，他的教学水平快速提高，同时也练就了高超的演讲技能。1926 年，年仅 30 岁的萧楚女，就在毛泽东主办的广州农民运动讲习所工作，他的演讲至今受到世人的推崇。

附：

萧楚女（1893 年 9 月—1927 年 4 月 22 日），汉族，原名树烈，又名萧秋，学名楚汝，乳名朝富，出生于湖北省汉阳县鹦鹉洲。曾与恽代英一起主编《中国青年》，在广州协助毛泽东编辑《政治周报》，曾任广州农民运动讲习所专职教员、黄埔军校政治教官。参加过武昌起义、"五四运动"。1927 年 4 月 22 日在南京石头城监狱被杀害。

他是中国共产党早期青年运动领导人之一、《中国青年》杂志的创始人之一。他是中国共产党优秀理论家、中国青年的良师益友。他的名言"人生应该如蜡烛一样，从顶燃到底，一直都是光明的"，正是他的真实写照。

点评：

良好的口才并不是与生俱来的，想拥有雄辩的好口才，必须经过后天刻苦的学习和艰苦的磨炼。

小 测 试

测测你的语言表达能力

表达能力是一种将自己的感觉正确地传递给他人的能力，传递的方式有很多种，比如你可以通过表情或形体语言向别人暗示你的想法，当然，最重要的方式还是语言。因此，这个测试中所包含的表达能力，大部分都是语言能力。

一个人如果没有语言表达能力，就很难与别人交际，无法告诉别人其所想的和所愿的。这里提到的语言表达能力不仅仅是指一个人能够正常地表达自己意思，而且还要通过正确的方式，恰当地把自己的意思告诉别人，并获得别人的理解。

语言表达能力测试如下：

（1）我在表达自己的情感时，很难选择准确、恰当的词汇。

①是　②否

（2）别人难以准确地理解我口语和非口语所要表达的意思。

①是　②否

（3）我不善于与和我观念不同的人交流感情。

①是　②否

（4）我对连续不断的交谈感到困难。

①是　②否

（5）我无法自如地用口语表达我的情感。

①是　②否

（6）我时常避免表达自己的感受。

①是　②否

（7）在给一位不太熟悉的人打电话时我会感到紧张。

①是　②否

（8）我不习惯和别人聊天。

①是　②否

（9）向别人打听事情对我而言是困难的事情。

①是　②否

（10）我觉得同陌生人说话有些困难。

①是　②否

（11）同老师或是上司谈话时我感到紧张。

①是　②否

（12）我在演说时思维会变得混乱和不连贯。

①是　②否

（13）我无法很好地识别别人的情感。

①是　②否

（14）我不喜欢在大庭广众之下讲话。

①是　②否

（15）我的文字表达远比口头表达能力强。

①是　②否

（16）我无法在一位内向的朋友面前轻松自如地谈论自己的情况。

①是　②否

（17）我不善于说服别人，尽管有时我觉得自己很有道理。

①是　②否

（18）我不能自如地用非口语（眼神、收拾、表情等）表达感情。

①是　②否

（19）我不善于赞美别人，我感觉很难把话说得自然亲切。

①是　②否

（20）在与一位迷人的异性交谈时我会感到紧张。

①是　②否

测试结果说明：

每题均有两个测试结果："是"或"否"。答"是"得1分，答"否"不得分。

得分在 14 分以上者语言表达能力较弱。

得分在 9—14 分者语言表达能力一般。

得分在 5—8 分者语言表达能力较好。

得分在 5 分以下者语言表达能力非常好。

第三节 演讲与口才的关系

演讲与口才是两个既有区别又有联系的概念。在语言实践活动中,我们既要"谈演讲",也要"论口才",只有这样,才能真正掌握演讲与口才的基本理论,并有效地指导自己的语言实践活动。

一、演讲与口才的区别

演讲与口才即是艺术,也是科学。有人认为演讲与口才两者是并列关系,但其概念是有区别的;也有人认为两者是从属关系,基本上可以画等号。我们认为,演讲是口语表达的一种形式,其观点全面而系统。演讲者以讲为主,以演为辅,其表达具有艺术性。

演讲时,往往是一人讲,众人听,目的在于带动众人。口才体现的是一个人的综合能力,交流过程往往是双向的,目的在于展现自己良好的口头表达能力或让别人了解自己。演讲优于其他口头表达形式,是较高层次的口语艺术。

二、演讲与口才的联系

虽然演讲不等于口才,但二者也有着密切的联系,每一个人都可以通过演讲来锻炼和展现自己的口才。有口才的人,不一定就是优秀的演讲者。但是,优秀的演讲者,往往是有口才的人。

(一)演讲是锻炼口才的重要途径

第一次登台演讲,大部分的人内心往往特别紧张,不敢看观众,说话语无伦次,动作也显得不自然。经常进行演讲练习,可以逐渐消除当众说话的紧张感和恐惧感,增强自信心,并养成良好的语言习惯,使口语表达更加自然顺畅、精炼生动。

(二)口才是成功演讲的坚强后盾

口才是演讲的前提条件,成功的演讲离不开口才。吐词准确、声音洪亮、节奏优美是良好口才的重要标志。在演讲活动中,口才可以帮助演讲者打动听众、感染听众,走向演讲的较高境界。

拓展与应用

一、口才实战锻炼

1. 抓住一切当众讲话的机会，锻炼口才。

2. 每天大声朗诵或大声讲话至少 5 分钟。

3. 每天至少与 3 个人有意识地交流思想。

4. 每天给亲人或朋友讲一个故事或完整叙述一件事情。

二、如果遇到下列情况，你将如何应对？

1. 英国首相威尔逊在一次演讲中遇到过这样一个场面：演讲刚刚进行到一半时，台下突然有个捣蛋分子高声打断了他："狗屎！垃圾！"威尔逊虽然受到了干扰，但他急中生智，不慌不忙地说：

"＿＿＿＿＿＿＿＿＿＿＿＿＿＿＿＿＿＿＿＿＿＿＿。"

2. 一次，丘吉尔在公开场合演讲，台下递上来一张纸条，上面只写了"笨蛋"两个字。丘吉尔知道台下有反对他的人等着看他出丑，便神色从容地对大家说：

"＿＿＿＿＿＿＿＿＿＿＿＿＿＿＿＿＿＿＿＿＿＿＿。"

3. 罗斯福在当选美国总统之前，曾任美国海军部部长。一天，一位老朋友向他打听海军在加勒比海的一个小岛上建立潜艇基地的计划。罗斯福想了想，然后向四周看了看，压低声音问他的朋友："能保密吗？"对方信誓旦旦地回答："我一定能！"罗斯福微笑着说："＿＿＿＿＿＿＿＿＿＿＿＿＿＿＿＿＿＿＿＿。"两个人不约而同地大笑起来。

拓展阅读　　　　德摩斯梯尼的故事

"德摩斯梯尼，如果你有与你的智慧相当的权力，马其顿人的战神就不可能在希腊握有权柄。"这是一段铭文，镌刻在一尊青铜雕像上。这尊青铜雕像塑造的就是古希腊卓越的演说家、著名的政治家德摩斯梯尼。

这位演说家兼政治家曾有一句名言："辞令的灵魂就是行动、行动、再行动。"他的一生就是遵照这句话去做的。他不断采取积极的行动，与马其顿进行针锋相对的斗争，维护自己的祖国希腊的利益。

德摩斯梯尼登上雅典政坛的时候，希腊各城邦发生了严重的危机。希腊北方的马其顿，在国王腓力二世的治理下迅速崛起，它四处扩张，咄咄逼人。而以雅典为首的希腊各城邦内部对待马其顿的态度形成两大截然对立的主张：一种表示欢迎马其顿干预希腊事务；另一种竭力反对马其顿的扩张，主张消除各城邦之间以及城邦内部的不和，维护独立和民主。

德摩斯梯尼作为后一派的代表，他多次登上雅典公民大会讲坛，发挥演讲才能声讨马其顿国王腓力二世，以维护雅典的主权和尊严。在一系列演讲中，他力图激发雅典公民保卫城邦的热情，号召全体希腊人团结一致，跟企图奴役希腊人的马其顿国王作殊死的斗争。

德摩斯梯尼反对腓力的演说总计 8 篇，通称"腓里皮卡"，其措辞之精密，逻辑之严谨，具有强大的鼓动力和说服力，对腓力的行为进行了猛烈的抨击和无情的揭露。从此以后，"腓里皮克"（"腓里皮卡"一词的单数）成了一个专门名词，专指猛烈抨击和揭露政治的演说。如有名的西塞罗反对安东尼的演讲词就被他自己称作"腓里皮克"。

从此，德摩斯梯尼享受着崇高的荣誉，应该说是他出众的演说才华为他立下了汗马功劳。令人意想不到的是，德摩斯梯尼的演说才华并非天生就有的，相反，他在这方面的天然资质是很差的。

少年时的德摩斯梯尼沉默寡言，一旦说起话来，还发音不清，逻辑不明，疲软无力。他走上杰出演说家的道路，是源于一场财产纠纷。

德摩斯梯尼的家庭非常富有。但在他 7 岁的时候，父亲就去世了。他父亲去世时，给他留下了一大笔遗产（一个武器作坊、一个家具作坊和其他财产）。由于德摩斯梯尼尚处幼年，遗产被他父亲指定的监护人管理。贪婪的监护人肆意侵吞了他的财产，德摩斯梯尼成年之后，只得到了全部遗产的 1/12。他多次索要，也毫无结果，即使通过法庭打赢了官司，也得不到实质性的补偿。为此，德摩斯梯尼决定向雅典著名的演说家、擅长撰写关于遗产问题讼词的伊塞学习演说术。

多年的打官司的经历使德摩斯梯尼变成了著名律师。为谋生计，他又代人撰写法庭辩护词，这使他的辩论技艺得到突飞猛进的增长。渐渐地，德摩斯梯尼开始向往政治生活，并逐渐向一名演说家迈进。

最初，德摩斯梯尼登上讲坛时，虽然准备好了精彩的演说词，却因吐字不清，含含混混，说不出一句有力度的话，而被挑剔的雅典人毫不客气地赶下了讲坛。而且这样的事情发生了不止一次。

然而，失败打消不了德摩斯梯尼的决心。他痛定思痛，对自己的缺陷认真地总结了一番，然后对症下药。为了训练发音，他向著名的演员请教朗读的方法，并把小石子含在嘴里，迎着呼啸的大风和汹涌的波涛大声朗诵；为了克服气短，他故意选择陡峭的山坡，一面攀登一面不停地吟诗；为了纠正姿态，他专门装了一面大镜子，随时观察自己的举动，并在头顶上悬挂一柄锋利的剑，以改掉那些多余的动作，尤其是没事就爱乱耸肩的习惯；为了潜心于练习，他把自己的头发剃掉一半，羞以见人，于是便留在家中终日钻研；为了写出精彩的演说词，他刻苦读书，把修昔底德的《伯罗奔尼撒战争史》抄写了 8 遍，连他的政敌都不得不夸赞他的修养深厚。

他那篇有名的反腓力演说，连腓力本人看到后都说："如果我自己听德摩斯梯尼演说，我也会投票赞成选举他当我的反对者的领袖。"由此可见，杰出的成就来源于背后刻苦的锻炼，没有一蹴而就的成功，也没有不劳而获的天才。

公元前 341 年，德摩斯梯尼发表了他最著名的第三篇反腓力演说。他指出："关于马其顿人的狡猾阴谋是毋庸置疑的，腓力所力求实现的唯一目标是劫掠希腊，夺去天然的财富、商业和战略据点。腓力利用希腊人的分裂和内讧作为达到他卑劣意图的手段。"他认为，尽管目前局势极端险恶，但仍然有可能制止马其顿的扩张。他打了个生动的比喻："当雅典之舟尚未覆没之时，舟中的人无论大小都应动手救亡。一旦巨浪翻上船舷，那一切都会同归于尽，一切努力都是枉然。"

德摩斯梯尼通过这篇演说词阐述了自己对雅典政治制度的认识。他极度推崇雅典的民主宪法和公民政治自由，他认为这种政治制度有潜在的巨大力量。而雅典的现状是，公民对社会事业的关心和勇于奉献的精神正在渐渐减退，代之以不纳税、不服兵役、一味期望国家的资助，这导致了国家的衰微。在一针见血地指出国家面临的困境和社会的症结之后，他用激动人心的词句鼓舞雅典的公民："即使所有民族同意受奴役，我们也应当为自由而战斗！"

受这篇演说词的鼓舞，雅典人民群情振奋，在隆重召开的公民大会上作出重要决定：派遣使者联络友邦。很快，雅典拥有了自己的反马其顿同盟。在援助拜占庭的战斗中，腓力国王遭到希腊军队的重击，败退而走。

德摩斯梯尼赢得了极大声誉，雅典人把胜利的花环奖给他，作为对他的肯定。他被任命为海军总监，进行了一系列有益于军事行动的改革。但此时，腓力的军队仍然在希腊的领土上不断推进着。希腊组织的反马其顿同盟联军由于各怀私心，不能团结一致，又被腓力在喀罗尼亚发生的决定性战斗中打败。

公元前336年秋天，由于腓力被刺杀，事情又出现了转机，德摩斯梯尼从失败的压抑中抬起头来，积极参加各种公共事务。雅典的公民大会决定为他的功绩作出赞颂，并决定授予他一顶象征荣耀的金冠，而这却遭到了埃斯希涅斯的强烈反对。

埃斯希涅斯是亲马其顿一派的主要将领，同时也是负有盛名的演说家。于是，一场空前激烈和精彩的辩论在这两位难分上下的演说家之间展开了。最终，还是德摩斯梯尼技高一筹，他以充沛的感情和有力的论证赢得了广大听众的支持，而埃斯希涅斯由于略逊一筹，败给了德摩斯梯尼，他羞愧难当，不得不离开雅典，远走他乡。

（来源：名人传，http://www.mingrenzhuan.com/mingrengushi/3190.html）

第二章

演讲者的素质修养

1. 了解演讲者应具备的基本素质。
2. 掌握必要的临场应变技巧。
3. 能够独立进行成功的演讲。

导　语

一个演讲者面对诸多听众，心里难免会产生一定的负担。一个面对公众的演讲者，通常需要良好的心理素质，在公众面前要有自信，有流利发言的勇气。一个优秀的演讲者，还必须具备敏锐的观察能力、合乎逻辑的推理能力、广博的知识，能够旁征博引，谈今论古；也要具备良好的道德风范以及灵活多变的应对能力，能够及时处理演讲场上出现的各种问题。

要做一个才华横溢的演说家，应当在思想、心理、道德、文化方面均有所建树。

第一节　演讲者心理素质的培养

演讲者的心理素质，就是演讲者在整个演讲活动中表现出来的较为稳定的心理特点。良好的演讲心理素质，有助于提升演讲者的活力，使演讲过程中的观察、思维、感情、意志等方面均达到最佳的境界，使演讲收到较好的效果。甚至可以说，演讲者心理素质的好坏，直接关系到演讲的成败。

心理素质好的演讲者，在演讲过程中不容易产生怯场、自卑等不良心理，即使偶尔产生也容易克服，从而正常发挥演讲能力；反之，心理素质差的演讲者，在演讲过程中容易产生一些消极心理，而且这种心理一旦产生便不易克服，从而影响演讲能力的正常发挥。这就要求演讲者平时加强心理训练，具备良好的心理素质，既热情果断，又镇定自若。一般来说，成功的演讲者应具备如下的综合能力。

一、演讲者应当具备的心理素质

（一）观察力

对于一个优秀的演讲者而言，认真观察客观事物，贯穿于演讲活动的始终，从收集演讲材料到确定演讲稿几乎都需要演讲者根据演讲的主题，演讲面对的观众群体特征，实施演讲的目的以及希望取得的效果而调整观察和演讲的重点，这种观察力不仅要求演讲者面面俱到，还要求演讲者灵活应变。

观察力对于进行中的演讲更为重要，正因为能够及时注意到观众的反应，才能够对演讲内容及时作出调整，使之更加适应当时的演讲环境。

（二）自信心

观众的数量，观众的素质等通常会对演讲者造成不同的心理压力，如果没有足够的信心，就无法做到在演讲时不怯场。想要树立自信，最重要的是对自己的演讲能力有正确的认识，同时非常熟悉演讲内容，能够将准备的内容完全甚至是超常发挥出来。

（三）真诚

真诚是高尚的品德，热情是友善的标志。曾打败过拿破仑的库图佐夫将军，在给卡捷琳娜公主的信中说：您问我靠什么魅力凝聚着社交界如云的朋友，我的回答是：真实、真情和真诚。

经典赏析   **最后一次讲演**

闻一多（1946 年 7 月 15 日）

这几天，大家晓得，在昆明出现了历史上最卑劣、最无耻的事情！李先生究竟犯了什么罪，竟遭此毒手？他只不过用笔写写文章，用嘴说说话，而他所写的，所说的，都无非是一个没有失掉良心的中国人的话！大家都有一支笔，有一张嘴，有什么理由拿出来讲啊！有事实拿出来说啊！（闻先生声音激动了）为什么要打要杀，而且又不敢光明正大地来打来杀，而偷偷摸摸地来暗杀！（鼓掌）这成什么话？（鼓掌）

今天，这里有没有特务？你站出来！是好汉的站出来！你出来讲！凭什么要杀死李先生？（厉声，热烈的鼓掌）杀死了人，又不敢承认，还要诬蔑人，说什么"桃色事件"，说什么共产党杀共产党，无耻啊！无耻啊！（热烈的鼓掌）这是某集团的无耻，恰是李先生的光荣！李先生在昆明被暗杀，是李先生留给昆明的光荣！也是昆明人的光荣！（鼓掌）

去年"一二·一"，昆明青年学生为了反对内战，遭受屠杀，那算是青年的一代献出了他们最宝贵的生命！现在李先生为了争取民主和平，而遭受了反动派的暗杀，我们骄傲一点说，这算是像我这样大年纪的一代，我们的老战友，献出了最宝贵的生命。这两桩事发生在昆明，这算是昆明无限的光荣！（热烈的鼓掌）

反动派暗杀李先生的消息传出后，大家听了都悲愤痛恨。我心里想，这些无耻的东西，不知他们是怎么想法？他们的心理是什么状态？他们的心怎样长的？（捶击桌子）其实很简单，（低沉渐高）他们这样疯狂的来制造恐怖，正是他们自己在慌啊！在害怕啊！所以他们制造恐怖，其实是他们自己在恐怖啊！特务们，你们想想，你们还有几天。你们完了，快完了！你们以为打伤几个，杀死几个，就可以了事，就可以把人民吓倒了吗？其实广大的人民是打不尽的，杀不完的，要是这样可以的话，世界上早没有人了。

你们杀死一个李公朴，会有千百万个李公朴站起来！你们将失去千百万的人民！你们看着我们人少，没有力量：告诉你们，我们的力量大得很！多得很！看今天来的这些人，都是我们的人，都是我们的力量！此外还有广大的市民！我们有这个信心：人民的力量是要胜利的，真理是永远存在的。

历史上没有一个反人民的势力不被人民毁灭的！希特勒、墨索里尼不都在人民之前倒下去了吗？翻开历史看看，你还站得住几天！你完了，快完了！我们的光明就要出现了。我们看，光明就在我们眼前，而现在正是黎明之前那个最黑暗的时候。我们有力量打破这个黑暗，争到光明！我们的光明，就是反动派的末日！（热烈的鼓掌）

反动派故意挑拨美苏的矛盾，想利用这矛盾来打内战。任你们怎么样挑拨，怎么样离间，美苏不一定打呀！现在四外长会议已经圆满闭幕了。这不是说美苏间已没有矛盾，但是可以让步，可以妥协，事情是曲折的，不是直线的。

李先生的血，不会白流的！李先生赔上了这条性命，我们要换来一个代价。"一二·一"四烈士倒下了，年青的战士们的血，换来了政治协商会议的召开，现在李先生倒下了，他的血要换取政协会议的重开！（热烈的鼓掌）我们有这个信心！（鼓掌）

"一二·一"是昆明的光荣，是云南人民的光荣，云南有光荣的历史，远的如护国，这不用说了。近的如"一二·一"，都是属于云南人民的，我们要发扬云南光荣的历史！（听众表示接受）

反动派挑拨离间，卑鄙无耻，你们看见联大走了，学生放暑假了，便以为我们没有力量了吗？特务们！你们错了！你们看见今天到会的一千多青年，又握起手来了，我们昆明的青年绝不会让你们这样蛮横下去的！

反动派，你看见一个倒下去，可也看得见千百个继起的！

正义是杀不完的，因为真理永远存在！（鼓掌）

历史赋予昆明的任务是争取民主和平，我们昆明的青年必须完成这任务！

我们不怕死，我们有牺牲的精神，我们随时像李先生一样，前脚跨出大门，后脚就不准备再跨进大门！（长时间热烈的鼓掌）

（选自：《闻一多：最后一次讲演》，2018年3月，江苏凤凰文艺出版社。）

（四）宽容果敢

宽容是做人的美德，果敢是强者的表现。在社会交往中，面对一些矛盾尖锐、复杂难解的问题，应该抱有一种既宽容又果敢的心态。宽容可以化解矛盾，赢得信任；果敢可以争取时间，创造机遇。社会问题和人际关系错综复杂，要处理好各种问题，发展人际关系，就要有良好的容纳意识，无私无畏。这样，才能化解矛盾，化干戈为玉帛。

（五）保护他人自尊

平等待人在现实中很难完全实现，因为人类无时无刻都受着情绪和情感的影响。但在日常生活中，平等待人又是必须的、必要的，所以，应当坚持将心比心的原则，在公开场合维护他人尊严，保护他人的面子。

每个人都或多或少把某种观点看成是自我的一部分。每当观点得不到期待中的支持时，就或轻或重地对自尊造成了威胁，被激发的胜负欲会促使双方把争论的焦点放在输赢而不是问题的解决上。

这样的后果往往是双方僵持不下，乃至两败俱伤。如若某方胜利，则常常难以抑制内心的得意，因为此时的胜利往往意味着尊严的胜利，也是对自己辩驳能力的证明。如若某方遭遇失败，则会觉得自尊受到伤害，也很难与胜利方友好地交流。

（六）积极的心理暗示

演讲中经常遇到的情况就是临场紧张，以至于大脑一片空白，什么都忘记了。要摆脱这种困境，除了练习，从熟练中生出巧来，还需要对自己多做积极的心理暗示。有了积极的心态，演讲者的言谈举止才能轻松自在，挥洒自如。

现实中，即使是一些各个方面都很优秀的人，也时常会产生一些消极的情绪，以至于在其言行、表情中流露出某些不自然的内容，与他人的交往也会因此受到一定程度的阻碍。要减少或者消除不良的自我意象并不难，运用积极的心理暗示就可以，比如经常在心里默默对自己说："大家都会喜欢我的！"

除言语暗示外，还可运用形象暗示。即将自己想象成一个良好的交际者，直到这种认知扎根于脑海，并能够在头脑中栩栩如生地浮现出来。

二、如何应付突发事件

对于演讲者来说，如何及时、适当地应对场上出现的各种突发状况可谓不小的挑战。突然忘词或说错话、听众情绪烦躁、场上秩序混乱等，都是可能出现的突发情况。对于一个优秀的演讲者而言，不仅要重新掌控场上的局面，还要迅速调整心态，不要让负面情绪影响到自己。

（一）忘词应对技巧

忘词时，演讲者首先要稳住情绪，不要惊慌失措。如果出现短暂遗忘，可以用插话和重复的方法进行补救，为自己赢得回忆起演讲词的时间。

比如在中断的地方插一句："朋友们，我这样讲不知大家能否听得清楚？"利用征询听众意见，观察听众反应的瞬间迅速回忆；或在出现短时遗忘后，将前面最后一句话重复一遍，以表示强调；也可以说："是的，这个问题应当引起我们的重视。"通过重复的方式，容易引起联想。

如果通过插话和重复的方式无法奏效，还可以采用跳跃补救的方法，想到哪里就从哪里接下去。为了衔接自然不露痕迹，可以适当加一些关联词。如果演讲结束前又回忆起来，可根据情况在某一个层次补进去。

（二）说错话应对技巧

演讲中一旦说错了话，并且当即有所察觉，可以根据失误的性质、程度，采用一定的方法进行补救。

1. 无须纠正

若只是说错了某个字，丢词漏字或不符合语法，听众没听出来而又不影响观点的阐述，可不必纠正。

2. 及时纠正

若是比较关键或原则性的失误或是听众已经产生反应的小错，演讲者可以立刻纠正，毫不迟疑。此时，无须对观众说自己讲错了，只需要用正确的内容纠正一遍刚才的演讲即可，听众自然会听明白你的正确意思。

3. 反面论题

一些失误是将论题说反了，这种情况下演讲者可以把讲错的话当作反面论题加以批驳，以巧妙灵活地圆场。

4. 巧用问句

在讲错某句话后，演讲者可以紧随刚刚说错的话，再添加一句设问句，以自问自答的形式自圆其说。

（三）行为失常应对技巧

行为失常也是演讲者偶尔会碰到的问题，如上台时不小心跌倒了、扣子扣错了、帽子戴歪了等，遇到这种尴尬情况时，演讲者可以自嘲、调侃一下自己，或跟着听众一起笑，在笑声中恢复常态。甚至有个别演讲者也常会利用这个机会借题发挥，巧妙开场。

经典赏析

2018年3月15日，67岁的俄罗斯外长拉夫罗夫在参加一场峰会时，不慎被台阶绊倒。不过他迅速站起来，并机智地为在场的听众讲了一个笑话："看到没，我摔倒了，还好我只是在台阶上栽了跟头，不是在外交方面。"

（四）冷场应对技巧

冷场是各类演讲过程中最常出现的情形，其原因多种多样，可能是观众对演讲主题与内容不感兴趣，也可能是由于演讲者本身的演讲技巧不过硬，演讲内容冗长且无吸引点等。如果遇到了冷场，又该如何应对呢？

1. 调节音量引起公众注意

冷场中最需要解决的问题便是公众的注意力。可以突然提高音量吸引公众，将注意力转到演讲中来。

2. 穿插非演讲内容调节场上气氛

在调节气氛的几种方式中，一则幽默的小故事通常是首选，讲故事能迅速吸引公众注意力，但切记故事并不能完全脱离演讲内容，更不能独立于演讲内容而存在。

（五）听众不配合应对技巧

现实中，听众不配合的情况多种多样，例如喝倒彩、发出嘘声、扰乱现场秩序、出声打断，等等。面对这种情况时，演讲者首先需要检查是不是自己的问题，如是否演讲内容造成了听众反感；是否由于客观条件导致听众不适，是否由于自己表现与听众期待不符合等。

如果是因为演讲内容造成听众反感，可以"将错就错"地将听众反感的内容作为反面教材给予批判；又或者可以施行迂回战术，开放听众对于观点的意见，不直接、正面对抗听众的不同意见。

如果遇到客观条件导致听众不适，可以根据临场听众的不适程度采取缩减演讲内容、调整演讲节奏等方法。

如果是由于演讲者自身表现低于公众期待，则应当寻找适当机会展示自己的能力，重新赢回听众的关注。

（六）设备失效应对技巧

演讲者在演讲中通常会利用电脑、麦克风、翻页器等相关辅助设备，当设备突然出现问题无法正常使用时，演讲者应该迅速冷静下来，积极采取应对措施，化解尴尬。

小贴士

以下是摘自《Toastmasters 国际演讲会期刊》的一些应付这类突发情况的例子：

1. 麦克风没声

"显然，有人以前听过这个演讲。"

"请大家举下手：多少人会读唇术？"

"平安夜未免也太安静了吧！"（适逢平安夜）

2. 麦克风有回声

"如果我需要反馈，我会说的。"

扭头盯着左边看，作出在仔细听麦克风发出的"嗡嗡"声的样子，然后用很紧张的语调说："不知道是什么东西正在靠近。"

3. 灯坏掉或者闪烁时

"经常有人在我演讲时打瞌睡，但是我没想到吊灯也会！"

"我在黑暗中工作得最好。"

"这灯跟你们开了个玩笑。我其实比你们看到的更帅。"

"连灯也在评论我。"

4. 噪声太大

"妈妈，你就不能小心点？"

"噪声是今天背景音乐的一部分。"

5. 火警铃声响起

"我的吃药时间到了。"

"你们知道每天早上我的起床铃声音有多大了吧。"

6. 幻灯片上下颠倒

"头朝下的观众们……"

"这是今天演说的澳大利亚部分（南半球部分）。"

7. 在白板上写字但是笔没水了

"很显然，我的演讲中最枯燥的部分来了。"

第二节　演讲者思想道德与文化素质的培养

一、思想素质

（一）辩证唯物主义的思想素质

作为 21 世纪的新型人才，应当掌握辩证唯物主义的基本观点和方法，以便从客观、现实的角度探索世界，形成科学的发展观。正如恩格斯所说："世界的真正的统一性是在于它的物质性。"了解如何从辩证唯物主义的角度探索世界对于演讲者确定主题、演讲方式，搜集演讲素材具有重要的指导意义。

（二）爱国主义的思想素质

历史上很多经典的演讲案例都源于对国家的热爱之情。

当演讲者能够将自身的抱负建立在祖国未来发展和社会进步的基础上时，他的演讲词，他的演讲内容，何愁不会引起大众的共鸣与关注？

（三）集体主义的思想素质

集体主义思想要求一切言论以符合广大人民群众的集体利益为最高标准，将集体事业作为奋斗终生的目标，做到全心全意为人民服务。

（四）人道主义的思想素质

人道主义最为注重社会道德伦理，强调每位公民平等的人格与利益。要倡导人道主义，需时刻将尊重他人、关心他人置于首位，对弱势群体能够给予援助，弘扬社会的正能量。

二、道德素质

能够在公众面前演讲的演讲者，在公众生活中也应当自觉遵守道德规范，关注个人道德修养与成长。

（一）敢于坚持真理

真理的掌握并不在于人数的多少，而是在于理论本身。在真理不被大众所接受的时候，是否能够顶住压力，坚持真理，为正义而奔走，可以说是检验一名演讲者的"试金石"。

经典赏析　　　　　　　　　　**我有一个梦**

马丁·路德·金

今天，我高兴地同大家一起，参加这次将成为我国历史上为了争取自由而举行的最伟大的示威集会。

100年前，一位伟大的美国人——今天我们就站在他象征性的身影下——签署了《解放宣言》。这项重要法令的颁布，对于千百万灼烤于非正义残焰中的黑奴，犹如带来希望之光的硕大灯塔，恰似结束漫漫长夜禁锢的欢畅黎明。

然而，100年后，黑人依然没有获得自由。100年后，黑人依然悲惨地蹒跚于种族隔离和种族歧视的枷锁之下。100年后，黑人依然生活在物质繁荣瀚海的贫困孤岛上。100年后，黑人依然在美国社会中间向隅而泣，依然感到自己在国土家园中流离漂泊。所以，我们今天来到这里，要把这骇人听闻的情况公之于众。

从某种意义上说，我们来到国家的首都是为了兑现一张支票。我们共和国的缔造者在拟写《宪法》和《独立宣言》的辉煌篇章时，就签署了一张每一个美国人都能继承的期票。这张期票向所有人承诺——不论白人还是黑人——都享有不可让渡的生存权、自由权和追求幸福权。

然而，今天美国显然对它的有色公民拖欠着这张期票。美国没有承兑这笔神圣的债务，而是开始给黑人一张空头支票——一张盖着"资金不足"的印戳被退回的支票。但是，我们决不相信正义的银行会破产。我们决不相信这个国家巨大的机会宝库会资金不足。因此，我们来兑现这张支票。这张支票将给我们以宝贵的自由和正义的保障。

我们来到这块圣地还为了提醒美国：现在正是万分紧急的时刻。现在不是从容不迫悠然行事或服用渐进主义镇静剂的时候。现在是实现民主诺言的时候。现在是走出幽暗荒凉的种族隔离深谷，踏上种族平等的阳关大道的时候。现在是使我们国家走出种族不平等的流沙，踏上充满手足之情的磐石的时候。现在是使上帝所有孩子真正享有公正的时候。

忽视这一时刻的紧迫性，对于国家将会是致命的。自由平等的朗朗秋日不到来，黑人顺情合理哀怨的酷暑就不会过去。1963 年不是一个结束，而是一个开端。

如果国家依然我行我素，那些希望黑人只需出出气就会心满意足的人将大失所望。在黑人得到公民权之前，美国既不会安宁，也不会平静。反抗的旋风将继续震撼我们国家的基石，直至光辉灿烂的正义之日来临。

但是，对于站在通向正义之宫艰险门槛上的人们，有一些话我必须要说。在我们争取合法地位的过程中，切不要错误行事导致犯罪。我们切不要吞饮仇恨辛酸的苦酒，来解除对于自由的饮渴。

我们应该永远得体地、纪律严明地进行斗争。我们不能容许我们富有创造性的抗议沦为暴力行动。我们应该不断升华到用灵魂力量对付肉体力量的崇高境界。席卷黑人社会的新的奇迹般的战斗精神，不应导致我们对所有白人的不信任——因为许多白人兄弟已经认识到：他们的命运同我们的命运紧密相连，他们的自由同我们的自由休戚相关。他们今天来到这里参加集会就是明证。

我们不能单独行动。当我们行动时，我们必须保证勇往直前。我们不能后退。有人问热心民权运动的人："你们什么时候会感到满意？"只要黑人依然是不堪形容的警察暴行恐怖的牺牲品，我们就决不会满意。只要我们在旅途劳顿后，却被公路旁汽车游客旅社和城市旅馆拒之门外，我们就决不会满意。只要黑人的基本活动范围只限于从狭小的黑人居住区到较大的黑人居住区，我们就决不会满意。只要我们的孩子被"仅供白人"的牌子剥夺个性，损毁尊严，我们就决不会满意。只要密西西比州的黑人不能参加选举，纽约州的黑人认为他们与选举毫不相干，我们就决不会满意。不，不，我们不会满意，直至公正似水奔流，正义如泉喷涌。

我并非没有注意到你们有些人历尽艰难困苦来到这里。你们有些人刚刚走出狭小的牢房。有些人来自因追求自由而遭受迫害风暴袭击和警察暴虐狂飙摧残的地区。你们饱经风霜，历尽苦难。继续努力吧，要相信：无辜受苦终得拯救。回到密西西比去吧；回到亚拉巴马去吧；回到南卡罗来纳去吧；回到佐治亚去吧；回到路易斯安那去吧；回到我们北方城市中的贫民窟和黑人居住区去吧。要知道，这种情况能够而且将会改变。我们切不要在绝望的深渊里沉沦。

朋友们，今天我要对你们说，尽管眼下困难重重，但我依然怀有一个梦。这个梦深深植根于美国梦之中。

我梦想有一天，这个国家将会奋起，实现其立国信条的真谛："我们认为这些真理不言而喻：人人生而平等。"

我梦想有一天，在佐治亚州的红色山冈上，昔日奴隶的儿子能够同昔日奴隶主的儿子同席而坐，亲如手足。我梦想有一天，甚至连密西西比州——一个非正义和压迫的热浪逼人的荒漠之州，也会改造成为自由和公正的青青绿洲。

我梦想有一天，我的四个小女儿将生活在一个不是以皮肤的颜色，而是以品格的优劣作为评判标准的国家里。

我今天怀有一个梦。

我梦想有一天，亚拉巴马州会有所改变——尽管该州州长现在仍滔滔不绝地说什么要对联邦法令提出异议和拒绝执行——在那里，黑人儿童能够和白人儿童兄弟姐妹般地携手并行。

我今天怀有一个梦。

我梦想有一天，深谷弥合，高山夷平，歧路化坦途，曲径成通衢，上帝的光华再现，普天下生灵共谒。这是我们的希望。这是我将带回南方去的信念。有了这个信念，我们就能从绝望之山开采出希望之石。有了这个信念，我们就能把这个国家的嘈杂刺耳的争吵声，变为充满手足之情的悦耳交响曲。有了这个信念，我们就能一同工作，一同祈祷，一同斗争，一同入狱，一同维护自由，因为我们知道，我们终有一天会获得自由。

到了这一天，上帝的所有孩子都能以新的含义高唱这首歌：

我的祖国，可爱的自由之邦，我为您歌唱。这是我祖先终老的地方，这是早期移民自豪的地方，让自由之声，响彻每一座山岗。如果美国要成为伟大的国家，这一点必须实现。因此，让自由之声响彻新罕布什尔州的巍峨高峰！

让自由之声响彻纽约州的崇山峻岭！

让自由之声响彻宾夕法尼亚州的阿勒格尼高峰！

让自由之声响彻科罗拉多州冰雪皑皑的洛基山！

让自由之声响彻加利福尼亚州的婀娜群峰！

不，不仅如此；让自由之声响彻佐治亚州的石山！

让自由之声响彻田纳西州的望山！

让自由之声响彻密西西比州的一座座山峰，一个个土丘！

让自由之声响彻每一个山冈！

当我们让自由之声轰响，当我们让自由之声响彻每一个大村小庄、每一个州府城镇，我们就能加速这一天的到来。那时，上帝的所有孩子，黑人和白人，犹太教徒和非犹太教徒，耶稣教徒和天主教徒，将能携手同唱那首古老的黑人灵歌："终于自由了！终于自由了！感谢全能的上帝，我们终于自由了！"

注：《我有一个梦》，英文名字《I HAVE A DREAM》是美国黑人民权运动领袖马丁·路德·金的一篇演讲词。1963年8月28日，他在举世闻名的向华盛顿进军的25万人群众集会上发表了这篇激情洋溢的演讲。这篇演讲词言辞雄辩，气势磅礴，充满着时代精神，给人一种紧迫感和使命感。直至今日，它对美国的民权立法，对全世界反对种族隔离，种族歧视和黑人争取民主自由解放的斗争，都产生着不可估量的深远影响。

（二）心胸开阔

所谓"宰相肚里能撑船"，正因为做事光明磊落，坦坦荡荡，才能够在演讲中体现出这种人格特点。

（三）继承发扬中华民族的传统美德

这里提到的传统美德，是中华民族几千年传承下来的优良品质，是中国民族历史的缩影，是中国文化的精髓。

1.强调人际关系和谐，是中国千百年来的传统精髓。

治国理念中的"以和为贵"也是源于此。历史长河中，大多数君王治理国家时都讲究以和治国，其原因无他，正是因为对他人仁爱，才能够在人际关系的处理中如鱼得水。

2.知行统一的道德修养方法。

正如《论语》所记载的："吾日三省吾身，为人谋而不忠乎？与朋友交而不信乎？""三人行，必有吾师焉。择其善者而从之，其不善者而改之。"这些名言警句可谓中国传承千年的道德规范，正因为有了这样的道德规范，中华儿女才能够时刻正确衡量自己，准确评价自己。

三、文化素质

演讲者不仅仅是文化的传承者，也是文化的传播者，只有利用好语言这一传播的媒介，才可以将自己想要表达的内容传递给观众。要做一名具有良好素质的演讲者，广博的知识储备是必不可少的，只有在学识和见识上有了足够的积累，才能够让观众耳目一新。

（一）历史知识

"以史为鉴，可以知兴替，可以知未来"，正因为历史的长河中隐藏了无数真理，后人才可感知其宝贵之处，才可了解并借鉴其价值。

（二）民族风俗习惯

由于生活地域的不同，造就了不同的文化，不同的语言，不同的交流方式。对于演讲者而言，了解别人的风俗有利于增长见识，促进交流。例如毛利人的见面问候方式并不是简单的握手或者点头，而是这个民族特有的"碰鼻礼"。了解了当地的民族风俗，不仅可以避免尴尬，减少不礼貌的行为，还可以为快速融入当地的氛围创造条件。

（三）科学知识

莱特兄弟发明了飞机，从此世界两地的距离缩短为以小时计算；苹果砸醒了牛顿，从此万有引力成为了物理学的经典奠基理论；屠呦呦发明了青蒿素，从此世界人民不必再受疟疾的困扰。

历史的进程与科学发明有着密不可分的联系，可以说，每一项科学发明，带来的都是人类向前迈进的一大步。正因为科学技术在日常生活中巨大的影响力，所以作为成功的演讲者，如果对自然学科知识也有一定的积累，并能够在演讲中自然引出，定会侃侃而谈，收到更好的现场效果。

（四）文化知识

作为成功的演讲者，要使演讲引人入胜，演讲内容就需要有理有据，在这其中，文化知识是必不可少的。

1. 经济学知识

经济学知识在日常生活中可谓涉及方方面面，小到冬天记得囤白菜，大到投资股票看市场预期，无一不涉及经济学知识。一些基本的经济学理论，如生产关系、生产力、市场调节、价值规律等，应当作为演讲者必修的基本知识。

2. 法律知识

作为国家公民，遵守国家法律是基本义务。普通民众尚且对相关法律了解甚深，何况演讲者？正因为演讲者了解了什么是公民的权利、什么是公民的义务，具备了基本的法律常识，才能够在自己的演讲中正确应用相关知识，并运用所学的法律知识来约束自身行为。

3. 政治学知识

各国的政体都有不同之处，若不能够及时、准确了解他国基本政治概况，在沟通与交流中势必会出现各种不便与阻碍。

拓展与应用

一、自我意识调节练习

以下是一种自我意识调节的方法，两人一组，一人念出步骤，一人照做，检验自我意识的放松效果。

1. 准备工作：找一间安静整洁、光线柔和、周围没有噪声的房间，身处其中令人舒适愉快，不受任何干扰。准备一张舒适的沙发、躺椅或床，让自己能尽量舒适地坐在上面或躺在上面，然后闭上眼睛。

2. 放松顺序：手臂部、躯干部、腿部、头部，也可以根据需要进行新的排列。

3. 放松指导语（每个动作大约 5～10 秒）：深深吸进一口气，保持一会儿，再保持一会儿，再慢慢地把气呼出来；再深深地吸进一口气，保持一会儿，再慢慢地把气呼出。

手臂部放松：伸出你的前臂，握紧拳头，用力捏紧，注意你手上的紧张感觉，再彻底地放松你的双手，体验放松后的感觉。现在弯曲你的双臂，用力弯曲绷紧双臂的肌肉，保持一会儿，感受双臂肌肉的紧张，再彻底地放松你的双臂，体会放松后的感觉，你可能感到沉重、轻松或者温暖，这些都是放松的标志，请注意这些感受。（必要时可以重复一次）

躯干部放松：向后用力舒展双肩，再用力注意感受肩部的紧张，坚持一下……再坚持一下……现在放松双肩，仔细体会放松的感觉，再向上提起双肩，尽量使之接近耳朵，注意感受肩部的紧张，坚持一下……再坚持一下……现在放松双肩，仔细体会放松的感觉，停一会儿。现在挺起胸部，深吸一口气，让胸部鼓起，再鼓气，屏住呼吸，注意感受胸部的紧张，坚持一下……再坚持一下……现在慢慢呼气，放松胸部，仔细体会放松的感觉，停一会儿，向内收紧腹部，再收紧，注意感受腹部的紧张，坚持一下……再坚持一下……现在放松腹部，仔细体会放松的感觉。

腿部放松：双脚的脚趾并拢，向脚心方向收紧，再收紧，注意感受腿部的紧张，坚持一下……再坚持一下……放松腿部，仔细体会放松感觉；双腿伸直，双脚的脚尖向脸部方向跷起，用力跷，再跷，注意感受小腿的紧张，坚持一下……再坚持一下……现在放松小腿和脚，仔细体会放松的感觉。

头部放松：向上皱起额部的肌肉，皱紧，坚持一下……再坚持一下……放松额头，觉得前额很平很平；皱起眉头，注意感受眉头的紧张，坚持一下……再坚持一下……放松眉头；把眼睛闭起来，闭紧，坚持一下……再坚持一下……再放松眼睛，使它舒服地闭着；把舌头紧紧顶住口腔的上部，用力向上顶，再用力，感受舌头的紧张，坚持一下……再坚持一下……放松舌头，让它回到舒适的位置；咬紧牙齿，用力咬紧，再咬紧，坚持一下……再坚持一下……放松牙齿，仔细体会紧张和放松的感觉；闭紧嘴唇，使嘴角向两边尽量延伸，鼓起两腮，上下唇用力压紧，再压紧，坚持一下……再坚持一下……放松唇部，使它自然地微微张开，仔细体会放松的感觉；把头尽量后仰，再后仰，感受颈部的紧张，坚持一下……再坚持一下……再把头尽量弯向左肩，再弯，坚持一下……再坚持一下……再尽量低头，坚持一下……再坚持一下……现在让头回到原来的位置，放松，仔细体会紧张与放松的感觉。

全身放松：深深地吸气再吸气，长长地呼气再呼气，仔细感受全身每一组肌肉的放松状态，仔细体会安详的感觉，平静、愉快、慢慢地从 1 数到 50，睁开眼睛感觉愉快、平静。

做放松训练时，应注意肌肉由紧张到放松，要保持适当的节奏，与自己的呼吸相协调，每一组肌肉的练习之间应有一个短暂的停顿，每次练习应从头至尾，完整地完成。这种训练需要持之以恒，才会见成效，每天练习1—2次，每次大约15分钟。

实验证明，上述这些"放松技巧"，可以很快地使心跳和呼吸节奏减慢，氧耗降低，从而有效地消除紧张状态。

二、根据本章所学内容，谈谈你对以下故事的看法。

威尔逊是假日酒店的创始人。一次，威尔逊和员工聚餐，有个员工拿起一个橘子直接就啃了下去。原来，那个员工高度近视，错把橘子当苹果了。

为了掩饰尴尬，他只好装作不在意，强忍着咽了下去，惹得众人哄堂大笑。

第二天，威尔逊又邀请员工聚餐，而且菜肴和水果都和昨天一样。看到人都来齐了，威尔逊拿起一个橘子，像昨天那个员工一样，大口咬下去。

众人看了看，也跟着威尔逊一起吃起来。

大家正吃得高兴时，威尔逊忽然宣布："从明天开始，安拉来当我的助理！"所有人都惊呆了，大家觉得老板的决定很突兀。

这时，威尔逊说："昨天，大家看到有人误吃了橘子，安拉是唯一一个没有嘲笑他，反而送上一杯果汁的人。今天，看到我又在重复昨天的错误，他也是唯一没有跟着模仿的人。像这样对同事不落井下石，也不盲目追随领导的人，不正是最好的助理人选吗？"

第三章

演讲语言发声训练

课前导学

1. 掌握普通话的基本知识。
2. 通过专项的语音发音训练，掌握发音技巧，提高发音的准确性。
3. 逐步提高普通话水平和演讲能力。

导 语

现代社会，良好的口才和语言表达能力有助于别人正确认识自己、了解自己。演讲就是一种很重要的表现方式。成功的演讲者，不仅可以在演讲台上表现他们的文雅举止和出众口才，而且在日常交际中，他们丰富的学识、敏捷的应对能力、良好的修养更容易打破人际关系中的种种障碍，从而比一般人更能迅速、有效地与人交往与沟通。

TED 有一期演讲的题目叫《狮心男孩理查德·图雷雷：与狮子和平共处的发现》，大会邀请一个叫理查德·图雷雷的非洲小男孩讲述他与狮子和平共处的故事。这个小男孩所在的部落长期被狮子侵扰，狮子老吃他们的牛，但是他的族人又不愿意杀这些狮子，因为狮子是非洲人的朋友，而且太多的杀戮也不好。但是不制止的话，狮子就总是来侵犯，那怎么办呢？

小男孩为了保护狮子，竟然发明了一个太阳能的灯。那个灯只要一亮，有一个装置就可以让它转。因为狮子怕移动的灯光，如果灯光不动，它就不害怕，如果那个灯光动，它就怕。所以这个太阳能的灯，绕着他们的营地整天那么转，狮子就不来了。这个方法既保护了狮子，也保护了牛。

TED 发现了这个小男孩，觉得他太棒了，在非洲大草原上能够作出这样的发明，然后就把他请到了 TED 的现场去作演讲，因为这种演讲是可以改变世界的。事实上，这个非洲小男孩最初并不会演讲，他面对陌生人很紧张，而且生平第一次坐飞机。

TED 把他接到纽约，辅导他，一步一步地教他，最后小男孩作了一场非常棒的演讲。可见，良好的口才并不是天生的，成功的演讲也不是一朝一夕能做好的，都是经过艰苦的多方面的努力才能最终成功。历史上有许多著名的演说家都是通过后天的刻苦磨炼培养出来的，比如美国总统林肯、英国首相丘吉尔。

第一节　普通话概说

语言对于人们的日常交流、思想表达非常重要。我国人多地广、民族众多、语言丰富，语言隔阂给各地区、各行业之间的经济、社会、文化交流等带来诸多不便。

在消除方言之间的语言壁垒和隔阂、方便各方沟通交流方面，普通话的重要性不言而喻。作为一种"国民通用语言"，普通话到底是什么？有什么标准和含义？下面展开论述。

一、普通话的定义

普通话是以北京语音为标准音，以北方话为基础方言，以典范的现代白话文著作为语法规范的汉民族共同语。对普通话的标准要求可以分为以下几项：语音、词汇、语法。

（一）语音标准——以北京语音为标准音

普通话以北京语音为标准音，指的是普通话的标准语音以北京的语音系统为基础，删减了一些特定的土话、儿化音等。例如很多北京的老人都喜欢将"告诉"说成"gào song"，也有很多人会将"侄女"说成"zhí nǚ er"。这些习惯用语让初到北京的人非常不习惯，也难以理解。因此，从 1956 年开始，国家就对北京土话的字音进行了多次审定，制定了普通话的标准读音。目前，普通话的语音标准，以 1985 年公布的《普通话异读词审音表》和《现代汉语词典》为规范。

（二）词汇标准——以北方话为基础方言

在我国，北方话的使用人口最多，覆盖范围也最广。北方地区使用的方言虽然在语音上略有差异，但从词汇角度来看，差别并不大。对于北方人来说，知晓某事用"知道"一词来回答，而在南方一些省市，"晓得"才是方言中用来表示知道意义的词汇。诸如此类的例子还有很多。

由此看来，北方话是普通话的主要词汇来源，它去除了一些北京方言中的土语、俗语，同时吸收了一些其他方言中可用作书面语的词汇。

（三）语法标准——典范的现代白话文著作

这里的语法标准指的是"五四运动"以后的现代典范白话文著作，用到的语言是以日常生活口语为基础，经过提炼的语言。

由此可见，标准的普通话不只局限于语音层面的规范，它还有词汇和语法方面的规范。要实现这个目标，必须首先认识一些普通话语音的基本概念，以便于理解相关理论，扫清学习的障碍。

第二节 普通话的声母发音

声母是音节开头的辅音。普通话共有 22 个声母（包括 21 个声母和 1 个零声母）。零声母用于没有辅音声母的音节，如 ao。

一、声母的分类

（一）按照发音部位，声母可以分为 7 类

双唇音 3 个：b、p、m。
发音要求：上唇和下唇闭合构成阻碍。
唇齿音 1 个：f。
发音要求：下唇和上齿靠拢构成阻碍。
舌尖前音 3 个：z、c、s。
发音要求：舌尖向上齿背接触或接近构成阻碍。
舌尖中音 4 个：d、t、n、l。
发音要求：舌尖和上齿龈接触构成阻碍。
舌尖后音 4 个：zh、ch、sh、r。
发音要求：舌尖向硬腭的前端接触或接近构成阻碍。
舌面音 3 个：j、q、x。
发音要求：舌面前部向硬腭前部接触或接近构成阻碍。
舌根音 3 个：g、k、h。
发音要求：舌根向硬腭和软腭的交界处接触或接近构成阻碍。

（二）声母按照发音方法可以分为 5 类

塞音 6 个：b、p、d、t、g、k。成阻时发音部位完全形成闭塞；持阻时气流积蓄在阻碍的部位之后；除阻时受阻部位突然解除阻塞，使积蓄的气流突然爆发成声。

塞擦音 6 个：j、q、z、c、zh、ch。以塞音开始，以擦音结束。由于塞擦音的塞和"塞"是同部位的，塞音的除阻阶段和擦音的成阻阶段融为一体。

擦音 6 个：f、h、x、s、sh、r。成阻时发音部位之间接近，形成适度的间隙；持阻时，气流从窄缝中间摩擦成声；除阻时发音结束。

鼻音 2 个：m、n（另有一个鼻辅音 ng 不作声母只作韵尾）。持阻时发音部位完全闭塞，封闭口腔通路；持阻时，软腭下垂，打开鼻腔通路，声带振动，气流到达口腔和鼻腔，气流在口腔受到阻碍，由鼻腔透出成声；除阻时口腔阻碍解除。

边音 1 个：l。舌尖和上齿龈（上牙床）稍后的部位接触，使口腔中间的通道阻塞；持阻时声带振动，气流从舌头两边与上腭两侧、两颊内侧形成的夹缝中通过，透出成声；除阻时发音结束。

（三）声母按发音时送气的强弱分为两类

送气音：这类辅音发音时气流送出比较快和明显，形成送气音，如 p、t、k、c、ch、q。

不送气音：发辅音时气流弱的叫不送气音：b、d、g、z、zh、j。

声母按照发音时声带振动与否又可分为清音、浊音两类。除了 m、n、l、r 为浊音外，其余 17 个声母都是清音。

二、声母辨析

（一）平舌音 z、c、s 和翘舌音 zh、ch、sh 的辨析

平舌音也就是声母是 z、c、s 的音，发音时舌尖抵在上齿背或者下齿背，接触部位要小，且发音时舌尖与齿背碰触后舌尖立刻松开，这样才能使发音准确清晰、轻快利落。普通话中的翘舌音在发音时舌尖接触齿龈后部，不能太靠前或者接触面积过大听起来像舌叶音，或者舌尖位置太靠后听起来像卷舌音。

（二）n 与 l 辨析

在湖南、江西、福建的部分地区混读，就发音部位而言，l 实际上要比 d、t 和 n 要略靠后一点点，舌尖接触上齿龈的位置比 n 略偏后一些。二者的显著区别主要是发音方法的不同。

n 是鼻音，用舌尖顶住上齿龈形成阻塞，闭住口腔，使气流完全从鼻腔中透出。这时候，如果舌尖顶住上齿龈不动，延长发音时间，可以明显地感受到气流在鼻腔内所形成的振动。

l 是边音，发音时注意不要让气流从鼻腔漏出来，用舌尖轻柔地抵触上齿龈。舌的前半部下凹，舌头两侧跟硬腭两侧保持适度距离，由舌前部的两边出气发音。

有人发 n 的时候，口腔没有完全关闭，有气流从舌尖边透出，发出的音常常不是纯粹的鼻音，听起来带有 l 的音。发音时要注意把舌的两侧上腭完全贴紧闭合，使气流只能够从鼻腔透出。

（三）卷舌音 r 和边音 l 的辨析

许多地区的方言里没有声母 r，在这些地区，普通话里 r 声母的字，通常改读成 l、n 等几个声母或 i 或者 ü 等音。在 r 音节和 l 音节的读音区分中，大多不存在双向混读现象，也就是说，一般不会把"l"读成"r"，不把"蓝"读成"然"。因此，学会并读准 r 声

母才是最重要的。由于 r 声母的音节不多，辨读和记认并不困难。

r 是舌尖后音，和 zh、ch、sh 的发音部位一样，是由舌尖和硬腭前部形成阻碍而发出的音。r 在发音时，舌尖要上翘，抵硬腭前部留一小缝，让气流从小缝中摩擦而出，同时声带振动。我们可以先发 sh 音，然后振动声带，就发出了 r 音。

l 声母是舌尖中音，是由舌尖与上齿龈形成阻碍而发的音。从发音方法看，l 发音时，舌尖抵上齿龈的后部，使气流从舌侧的两边摩擦而出，同时声带振动。

r 和 l 发音的区别是：

发音部位不同，舌尖抵搭的位置有前后之分。r 的发音部位在硬腭，l 的发音部位在齿龈。

发音方法也不同。r 的发音除阻时，气流的通路很窄，仅限于舌尖和硬腭之间的一点缝隙，摩擦很重；而 l 发音除阻时，气流的通路在舌侧两边，很宽松，摩擦不十分明显。

（四）舌面音 j、q、x 和翘舌音 zh、ch、sh 的辨析

有一些方言区没有翘舌音，这些方言区的人把普通话里的翘舌音 zh、ch、sh，一般读成平舌音 z、c、s，也有一部分读成舌面音 j、q、x。

从 j、q、x 和 zh、ch、sh 的发音来看，普通话声母 j、q、x 是舌面前音，发音时舌尖要下垂抵下齿背，舌面前部向上隆起贴紧或靠近硬腭前部。j、q 发音时要用气流把舌面和硬腭前部贴紧的部位冲开一条窄缝，摩擦成声。x 发音时气流从舌面和硬腭前部形成的适度空隙中摩擦成声。

zh、ch、sh 是舌尖后音，发音时舌尖后缩上举，轻巧接触或靠近硬腭稍前一点的部位。

普通话以 i、ü 开头的齐齿呼、撮口呼韵母前面只能拼 j、q、x 不能拼 zh、ch、sh。

（五）f 和 h 的辨析

普通话中，声母 h 和 f 是两个差别较大的音。而有些方言区不同程度地存在 f 和 h 混读的情况。较多的情况是 f、h 同韵母 u 相拼时混读，例如有的把"湖南"读成"符兰"等。因此，在进行 f 和 h 的辨正时，应以区别字、词的读音为主。

f 是齿唇擦音，发音时，下唇靠抵上齿并留一小缝，让气流从小缝中摩擦而出，声带不振动。

h 是舌面后擦音，发音时，舌面后部上抬至软腭并留一小缝，让气流从小缝中摩擦而出，声带不振动。

第三节　普通话的韵母发音

声带后面的部分是韵母。普通话有 39 个韵母，其中 23 个完全由元音构成，16 个由元音加鼻辅音韵尾构成。

一、韵母的分类

按结构特点，韵母可分为三类：单韵母、复韵母、鼻韵母。

（一）单韵母

由单个元音构成的韵母叫单韵母，发音时口形、舌位一般不变。普通话有 10 个单韵母，其中舌面元音单元音韵母有 7 个，它们是：a、o、e、ê、i、u、ü。特殊元音韵母有 3 个，它们是：-i（前）、-i（后）、er。

（二）复韵母

由复合元音构成的韵母叫复韵母。复合元音是由两个或三个元音结合而成，从听觉上已经复合成一个固定的音组。从发音方法上看，复韵母中各个元音在连续时是由前一个元音向后一个元音滑动，不是跳动，各元音间无明显界限，气流不能中断。

组成复韵母的各个元音在开口度和响度上也是有所不同的，不论是二合元音还是三合元音，其中只有一个元音较响亮，它就是主要元音（韵腹），是复韵母的中心成分，同时也不要忽视介音和韵尾的发音。发音时，口形、舌位都要发生相应的变化。包括：ia、ie、üe、uo、ua、ai、ei、ao、ou、iao、iou、uai、uei。

ai、ei、ao、ou，这几个是前响复韵母，也就是前面的元音发得要饱满响亮，后面的元音要归音到相应的位置，但是实际上音到不了 i 和 u，发音较轻、较短。

ia、ie、ua、uo、üe 这几个复韵母是后响复韵母，前面的韵头要舌位、唇形到位，但都比单发时要短，略暗；而后面的韵腹则要发得较长，较饱满。

iao、iou、uai、uei 这几个是三合复韵母。韵头、韵腹、韵尾都有，结构完整。在发音时，韵头要唇形准确，韵腹要饱满响亮，韵尾要趋向 u 或者 i 的位置，归音到位，完成发音。

（三）鼻韵母

这类韵母由一个或两个元音后面带上鼻辅音构成。鼻韵母共有 16 个。其中前鼻韵母 8 个：an、ian、uan、üan、en、in、uen、ün，后鼻韵母 8 个：ang、iang、uang、eng、ing、ueng、ong、iong。

an：发音时，先发 a 音，然后舌尖逐渐台里，顶住上牙床，气流从鼻腔留出发 n 的音。口试是先开后合的。

ian：发音时，先发 i 音，然后过渡到 an，i 的发音很短，舌头位置略高，开口较小。

uan：发音时，先发 u 音，再向 an 滑动。

üan：发音时，先发 ü 音，然后过渡到发 an，ü 的发音很短暂，发 an 音时比单独发 an 音时舌头位置略高，开口较小。

en：发音时，先发 e 的音，然后舌面太高，舌尖抵住上牙床，气流从鼻腔泄出，发 n 的音。

uen：发音时先发 u 的音，再向 en 滑动。

in：发音时，先发 i 的音，然后舌尖抵住下面齿背，舌面渐至硬腭，气流从鼻腔泄出，发 n 的音。

ün：发音时，先发 ü 的音，然后舌头上抬，抵住上牙床，气流从鼻腔泄出，发 n 的音。

ang：发音时，先发 a 的音，然后舌根抵住上软腭，气流从鼻腔泄出，发后鼻音尾 ng 的音。

iang：发音时，ang 的前面在增加一段由 i 开始的发音。

uang：发音时，ang 的前面增加了一段由 u 开始的发音。

eng：发音时，先发 e 的音，然后舌尖抵住下牙床，舌根后缩抵住软腭发 ng 音，气流从鼻腔泄出。

ueng：发音时，先发 u 的音，再滑动到 eng。

ing：发音时，舌尖触下齿龈，舌面隆起至硬腭，鼻腔共鸣成声。

ong：发音时，先发 o 的音，然后舌根后缩抵住软腭，舌面隆起，嘴唇拢圆，鼻腔共鸣成声。

iong：发音时，在 ong 的前面增加一段由 i 开始的发音。

二、韵母辨析

（一）i 和 ü 的辨析

普通话里 i 和 ü 分得很清楚，但有些方言容易产生混淆，可以用唇形变化的方法来练习这一组音，进行辩读，先展开嘴唇发 i，舌位不变，慢慢地把嘴唇撮成圆形，就发出 ü 了。

（二）o 和 e 的发音辨析

在东北话等方言里，韵母 o 和 e 的发音不分，把 o 韵母的一些字读成"e"，而在西南地区的一些方言，则把 e 韵母的一些字读成"o"。

韵母 o 和 e 的发音舌位大致相同，区别在于发音时 o 的唇形是圆的，而 e 发音时的嘴唇是展开的。可以用唇形变化的办法来练习和掌握这两个韵母的发音方法。此外，学习时还要注意掌握一个规律，即 o 只跟双唇音和唇齿音声母 b、p、m、f 相拼合，韵母 e 却恰恰相反，不能与双唇音和唇齿音声母相拼合。

（三）-n 和 -ng 所构成的 7 对鼻韵母辨析

很多方言里并不分 -n 和 -ng。有的有 -n 无 -ng，有的有 -ng 无 -n，其中以 en-eng、in-ing 两对鼻韵尾互相混淆的最多。另外，an-ang、uan-uang 不分的也不少。

此外，有些方言区还存在 -n、-ng 弱化为鼻化元音的现象。还有些方言区前后鼻韵母合为一组，读音既不像 n，也不像 ng 的舌面鼻音。所以，正确区分 -n 和 -ng 是解决上述种种问题的基础。

首先，要认识和掌握正确的 -n 和 -ng 发音的方法。-n 是舌尖中鼻音，发音时用舌尖顶住上齿龈形成阻塞，闭住口腔，使气流完全从鼻腔中透出，同时声带振动，发出鼻音。-ng 是舌根鼻音，它的发音部位和 g、k、h 相同。发音时用舌面的后部顶住软腭，让气流从鼻腔里流出，同时声带振动，发出鼻音。

练习时，舌面后不要离开软腭，可让声音延长下去。-n 和 -ng 的发音方法相同，主要区别是发音部位不同。

其次，发鼻韵母时，发音过程要清楚、完整。读某一个具体的鼻韵母时，从元音发音状态过渡到辅音的发音状态的过程要清楚；收尾辅音必须到达阻塞部位。

比如 an 和 ang 的发音，要先拉长声音念，不要中断，舌头向前伸，使舌尖到达上齿龈，发出鼻音，就成为了 an；同样的道理，拉长声音读，舌头向后抬高，使舌面后部到达软腭，出现鼻音，就成为了 ang。

第四节　普通话的声调

中文的博大精深不仅在于文字，还在于音调，根据五度标记法，普通话有基本 4 种调：阴平、阳平、上声、去声。

（一）阴平

阴平被称为高平调，在发音时一定要发到足够的高度，避免声调过低，听起来懒散、无精神。

（二）阳平

阳平是上升调，对语流的抑扬顿挫起着关键的作用。所以在发音时应该尽量使扬的幅度变大，升扬到位，以保证发音准确、提神。

（三）上声

上声是拐调，也被称为降升调。发上声时，一定要发完整，低处不压、自然，尾处扬升到位，听来完整、自然、优美。

（四）去声

去声是四个声调中跨度比较大的一个声调，也被称为全降调。在发音时要注意高起、夸张、完整。

第五节 语调训练

要做好一场演讲，字正腔圆可谓基本功。除此之外，在语调方面的训练也是必不可少的。在句子中用来表情达意的，抑扬顿挫、轻重缓急的调子叫做语调。语调是口头表达特有的一种方式。运用语调可以让人的语言表达做到声情并茂，有很强的表现力和感染力。本节着重从停顿、轻重、抑扬、语速、节奏、科学发声几个方面讲解如何做好语调训练。

一、停顿

停顿的使用体现了中国语言的博大精深。同一句话，因为停顿点不同，最后出现的意思可谓千差万别。

例如：

1. 我送你走吧？

可以停顿为：我送 / 你走吧！

也可以停顿为：我送你 / 走吧！

2. 热爱人民的总理。

可以停顿为：热爱 / 人民的总理。

也可以停顿为：热爱人民 / 的总理。

以上例子比较明显地突出了停顿的重要性，如果在演讲中停顿不当，不仅会造成句意与上下文脱节，还会影响观众听讲的效果。

停顿一般分为标点符号停顿，语法停顿（又称逻辑停顿）、感情停顿（又称心理停顿）和特殊停顿。语法停顿既能满足演讲者自然换气润嗓的需要，也能使演讲的语句、段落层级分明。

（一）标点符号停顿

标点符号停顿是指一般在标点处进行停顿，其一般规律是：句号、问号、感叹号、省略号长于分号，破折号、连接号长于逗号，冒号长于顿号、间隔号。

（二）语法停顿

语法停顿一般用标点表示出来，按标点停顿，有时在较长的主语和谓语之间、动词和较长的宾语之间、较长的附加成分和中心之词、较长的联合成分之间，虽然没有标点符号，也可以作适当停顿。这种停顿往往是用来强调某一个观点或者突出某一事物，正确地表达作品蕴含的思想内容。

例如：

夏季来了，我看见百合花儿开放着喇叭形的花朵，它的花朵像雪一般洁白。

夏季来了，/ 我看见百合花儿 / 开放着喇叭形的花朵，/ 它的花朵 / 像雪一般洁白。

（三）感情停顿

感情停顿则是为了表达较为复杂的情感或者展现心理感情的微妙之处，而不受书面标点或者语法形式约束，根据演讲者自己的判断作出的停顿。例如"把挫折的苦果 / 变成人生的补药"。这句话在"苦果"后拖音，似停非停，为"变成"积蓄力量，使"变成人生的补药"更富有强调性。

（四）特殊停顿

特殊停顿是为了应付一些特殊情况或者是加强某些特殊效果而产生的停顿。虽然特殊停顿能带来特殊的效果，但切记不可滥用，否则容易招致听众的反感。

二、轻重

说话的声音有强有弱。声音大往往需要演讲者用力吐气，而声音小则要求演讲者将力气减小，轻缓吐气。在日常生活中，往往强调做事情要分清楚"轻重缓急"，对演讲者也有此项要求，因为语气的重或者轻决定着重点需要表现的内容，而声音的强弱对比则能够有效凸显其中的特定内容。重音用"·"表示，重音分语法重音和强调重音。

1. 语法重音：是由句子的语法结构自然表现出来的重音，语法重音的位置比较固定。例如：

江山如此多娇！

我们的祖国越来越强大！

2. 强调重音：又叫逻辑重音或感情重音，它是为了突出某种特殊的思想感情，把句子里的某些词语读得较重，使语句的非重音音节变成重音音节，它可使句子的感情色彩更加丰富，情感饱满充沛，感染力更加强烈。（感情重音用"·"表示）

例如：

屈原：（向风及雷电）风！你咆哮吧！咆哮吧！尽力地咆哮吧！在这暗无天日的时候，一切都睡着了，都沉在梦里，都死了的时候，正是应该你咆哮的时候了，应该你尽力咆哮的时候！

——郭沫若《雷电颂》

三、抑扬

同一句话因不同的处理方式而改变意思的情形也出现在抑扬现象上。一般来说，汉语语调大体分为四种语调：平直调、高升调、曲折调、降抑调，如表 3-1 所示。

表 3-1　语调特征与应用

语调名称	语调特征	应用句型	感情表达	例　句
平直调	平稳舒缓，基本无大起伏	陈述说明性语句	庄重、严肃、冷淡	这条路很平坦
高升调	由低向高	疑问句，感叹句，反问句	疑问、惊讶、反问、激昂、愤怒、呼唤、号召	怎么没有穿鞋子呢？
降抑调	由高到低	祈使句，感叹句，陈述性语句	祈使、命令、肯定、自信、沉重	把桌上的苹果洗了
曲折调	升降起伏多变	双关语句	夸张、幽默、讽刺	写得真有创意，画得真有勇气

例如：

"今天你骑车来的。"

如果平直调子念出来，表达的意思是一个陈述句"今天你是骑车来的。"骑车这个事实被说话者看到了，所以从说话者的角度来看，他陈述的是一个事实。

但如果是用高升调念，表达的意思则变成了一个问句："今天你是骑车来的吗？"说话者没有看到，所以说话者正在确定这是否属实。

四、语速

为了更为准确地传情达意，语速的变化也是需要正确调整的。在正常谈话中，每分钟应当讲 120 ～ 150 个字。如果速度太快，则难以让听众跟上节奏听得清楚。演讲的节奏也不能太慢，否则听众会觉得演讲者在拉腔拖调。演讲的语速应当做到根据内容的需求适当调整。

根据内容的要求和感情表达的需要，演讲的语速一般可以分为快速、中速、慢速三种，如表 3-2 所示。

表 3-2　语速的应用

语速	适合的内容	适合的环境	适合的心理情绪	适合的句段	适合的修辞手段
快速	叙述事情的急剧变化，质问斥责，雄辩表态	欢快、紧急命令、行动迅速、热烈争执	急促、紧张、激动、惊惧、愤恨、欢畅、兴奋	不太重要的句段	排比、反问、反语、叠声
中速	一般性说明和叙述，感情变化不大	感情平静	平静、客观	一般句段	一般陈述
慢速	抒情，一轮，叙述平静，庄重的事	幽静、庄重	安闲、宁静、沉重、沮丧、悲痛、哀悼	重要句段	比喻、引语、双关、对偶、粘连

五、节奏

节奏一般是指有规律的变化。如若演讲有节奏、有韵律地进行，配合语调的抑扬顿挫，何愁不是一次成功的演讲？

常见的演讲节奏可以分为轻快型、持重型、平缓型、急促型、低抑型等，如表3-3所示。

表3-3　节奏应用

节奏类型	主 要 特 定	适 应 范 围
轻快型	轻松、欢快、活泼、语速较快	欢迎词、祝酒词、贺词
持重型	庄重、镇定、沉稳、凝重、语速较慢	理论报告、工作报告、开幕词、闭幕词
平缓型	平稳自如、有张有弛、语速一般	学术演讲、座谈讨论
急促型	语势急骤、激昂慷慨、语速快	紧急动员、反诘辩论
低抑型	声音低沉、感情压抑、语速迟缓	悼词、纪念性演讲

六、科学发声

在现实生活中，每个人的说话方式、气息都有其各自的特点。有的人说话声音明净、清亮、悦耳，有很强的感染力；而有的人说话却含糊不清，声音干涩，让人无法投入。响亮悦耳的声音对于日常工作、学习、生活都非常重要，它不仅可以运用于职业场合，如播音员、主持人、配音员等工作；还能够运用于日常生活，例如接人待物、谈话聊天等。

科学发声技巧主要是指气息控制、共鸣控制和吐字归音。

（一）气息控制

发声靠的是声带的振动，而声带的振动则是由呼吸提供足够的气息成为原动力，只有呼吸足够有力，发出的声音才足够洪亮。

1.呼吸

人类无法离开空气，人类每时每刻都需要呼吸。但在呼吸方式上，男女稍有些不同，女性多用胸式呼吸法，而男士多用腹式呼吸法。两者结合为"胸腹联合呼吸法"，在空旷地带说话、说话气流需求量大时，运用胸腹联合呼吸法，随时转换呼吸，可以更加自如地调整气息，补充进气。

要做到胸腹联合呼吸，在吸气时要注意吸气主要以鼻腔为主。在吸入气体的过程中，两肋打开，横膈下降，小腹微微收起，吸入的气体要引导往下走，同时扩展胸腔和大腹，增加胸腔对气体的容量，退缩小腹，利用收缩的力量控制气息外溢。在呼出气体的过程中，应当保持吸气状态，使之不会很快泄气出去。在说话过程中徐徐地吐出气息，这样不会出现句子说到一半便"泄气"的现象。

2.换气

换气的原则包括：句首换气，以便气息足够支撑整句话完成，不会在句中"卡壳"，避免给人以断断续续的感觉；吸气适度，对很多人来说，吸气意味着越多越好，但实际则不然，吸气如果过多则容易导致僵硬。

无声换气，如果演讲者戴着耳机，那么吸气的时候很容易将换气的声音通过麦克扩大；这样出气很容易被误解成演讲者喘得上气不接下气。所以，在有扩音器的情况下，尽量控制胸腔的充气状态，一旦气息有所欠缺，便可以随时得到无声的补充。

（二）共鸣控制

人的发声机制是天生的，而且每个人都可能有或多或少的缺陷。比如有人说起话来尖声尖气，让人感觉非常刺耳；有人天生嗓门大，说话如洪钟，振聋发聩；也有人说话轻声细语，不仔细听根本听不见。声音的艺术性正是在于此，如果能够正确、合理地使用自己的本色音，不仅可以保护嗓子，还可以发挥自己嗓音的独特之处。

人在发声时首先是肺重点气流冲击声带，使声带振动发出初始的原音。原音在沿着声道向外传递时，经过口腔的活动形成了语音，经由人体共鸣腔的共振，使得音量得以扩大；由于共鸣产生了一系列的泛音，这些泛音能够与声带发出的声音组成复音，从而弥补声音的缺憾，使声音得到美化。

有意识地学会运用共鸣，声音才会更有响度，音色才能更加悦人，也能在一定程度上保护嗓子，减少疲劳。共鸣技巧有如下几种：

1.口张

口张程度直接关系着声音的质量。口张程度小，发声部位在口腔前部或者前鼻音区，共鸣区域相对较小，声音就容易受阻，变得尖细而单薄。如果口张程度较大，发声的部位就会相应后移，发出的声音就会较为响亮。

2.喉松

演讲时人的头部位置影响着说话者咽腔的共鸣效果。如若昂着头，喉部的压力减小，就会变得松弛，发出声音时就会偏窄；如若低头，喉管压力增大，变得僵硬，气息流动不顺畅。正确的发音姿势应当是头部端正，喉部放松，以便达到良好的共鸣效果。

3.鼻通

很多方言中不辨析 m、n，就是因为说话者会习惯性地升起软腭，阻挡喉腔与鼻腔的通道。正确的发音方法应当是将软腭降下，舌根保持放松，让气流自然从鼻腔内流出，不受阻碍。

（三）吐字归音

所谓"字正腔圆"，除了需要在学习普通话方面下功夫，还要注意汉语音节的特点，将发音做到更为准确、清晰、力度大、传得远，听起来影响深远，荡气回肠。

在中文读音中，一般来说，一个音节（即一个字）可以分为字头、字腹和字尾。吐字归音实际上已经对发音方法提出了要求，即咬准字头、发响字腹、收尾字尾。达到"准确、清晰、圆润、集中、流畅"的总体要求。

1. 咬准字头

发音时应当注意发音部位有力、发音部位准确，利用开始阶段的爆发力量将音"弹出"口腔。

2. 发响字腹

字腹是音节中最为清晰响亮的部分，需要发得饱满才能增色于整个音节。发音时可以适当延长，留存气息做共鸣，才能达到发响字腹的要求。

3. 收全字尾

收尾部分很容易出现丢音、少音现象。所以，要做到收尾干净圆满，需要做到归音到位，切不可提前收场，也不可故意拖长。

拓展与应用

一、请大声朗读以下词组，辨析相似读音

b-p	奔跑	爆破	并排	不配	布匹	半瓶
p-b	屏蔽	皮鞭	配备	普遍	旁白	皮包
b-m	把脉	罢免	闭幕	标明	百米	保姆
m-b	抹布	猫步	密闭	棉被	名表	墓碑
m-p	冒泡	门票	蒙骗	名片	木盘	麻婆
z-zh	自助	组织	杂志	增值	资质	栽种
zh-z	制作	长子	种族	沼泽	种子	渣子
c-ch	彩超	猜错	餐厨	彩绸	操场	菜车
ch-c	炒菜	楚辞	出错	唇彩	陈醋	场次
s-sh	宿舍	随时	私事	丧失	四十	扫射
sh-s	上溯	哨所	生死	申诉	深邃	深思
f-h	峰会	粉红	返还	繁华	飞鹤	防滑
h-f	合肥	非凡	吩咐	话费	洪福	耗费
n-l	奴隶	耐力	农历	年龄	女篮	逆流
l-n	流年	老牛	冷凝	蓝鸟	老娘	炼奶
g-j	改价	感觉	高级	告诫	感激	改进
j-g	机关	极光	及格	价格	坚固	间隔
k-q	考勤	看清	恳切	孔雀	开窍	矿区
q-k	全款	请客	穷困	情况	清空	青稞

h-x　海鲜　海峡　唤醒　和谐　好笑　欢喜

x-h　现货　闲话　祥和　学号　胸怀　吓坏

二、请大声朗读以下词组，辨析相似读音

ai-ei　百步—北部　成败—成倍　拜望—备忘　来迟—雷池

uai-ui　拐子—鬼子　怀抱—回报　怀化—绘画　野外—野味

ao-ou　思潮—丝绸　导师—都是　稻子—豆子　镐头—狗头

iao-iu　交错—纠错　脚气—酒气　铁锹—铁球　瞧见—求见

an-ang　板球—棒球　出产—出厂　鸡蛋—激荡　女篮—女郎

uan-uang　传单—床单　观照—光照　微观—微光　机关—激光

ian-iang　剑南—江南　内奸—内江　莲蓬—凉棚　拜见—拜将

en-eng　春分—春风　盆子—棚子　深化—生化　真相—正像

in-ing　金条—荆条　民事—名士　风琴—风情　留心—流星

i-ü　分机—分居　长期—厂区　离子—绿字　细线—虚线

ie-üe　解决—学界　谢绝—节略　美协—美学　确切—血液

ia-ie　加入—介入　边卡—并且　下达—鞋带　碟片—底盘

ie-i　别针—逼真　撇开—劈开　消灭—泄密　鸭子—叶子

ua-uo　刮风—国风　跨步—阔步　抓紧—拙见　牙刷—演说

ou-e　打斗—道德　齐头—奇特　楼宇—乐园　沟渠—歌曲

三、朗读下列段落

一个大问题一直盘踞在我脑袋里：

世界杯怎么会有如此巨大的吸引力？除去足球本身的魅力之外，还有什么超乎其上而更伟大的东西？

近来观看世界杯，忽然从中得到了答案：是由于一种无上崇高的精神情感——国家荣誉感！

地球上的人都会有国家的概念，但未必时时都有国家的感情。往往人到异国，会更加思念家乡，心怀故国。这国家概念就变得有血有肉，爱国之情来得非常具体。而现代社会，科技昌达，信息快捷，事事上网，世界真是太小太小，国家的界限似乎也不那么清晰了。

再说足球正在快速世界化，平日里各国球员频繁转会，往来随意，致使越来越多的国家联赛都具有国际的因素。球员们不论国籍，只效力于自己的俱乐部，他们比赛时的激情中完全没有爱国主义的因子。

然而，到了世界杯大赛，各国球员都回国效力，穿上与光荣的国旗同样色彩的服装。在每一场比赛前，还高唱国歌以宣誓对自己祖国的挚爱与忠诚。一种血缘情感开始在全身的血管里燃烧起来，而且立刻热血沸腾。

在历史时代，国家间经常发生对抗，好男儿戎装卫国。国家的荣誉往往需要以自己的生命去换取。但在和平时代，唯有这种国家之间大规模对抗性的大赛，才可以唤起那种遥

远而神圣的情感，那就是：为祖国而战！

（节选自冯骥才《国家荣誉感》）

四、大声朗读绕口令

请大声朗读以下绕口令，注意运用科学的发音方法。

巴老爷有八十八棵芭蕉树，来了八十八个把式要在巴老爷八十八棵芭蕉树下住。巴老爷拔了八十八棵芭蕉树，不让八十八个把式在八十八棵芭蕉树下住。八十八个把式烧了八十八棵芭蕉树，巴老爷在八十八棵树边哭。

我们要学理化，他们要学理发。理化不是理发，理化理发要分清，学会理化却不会理发，学会理发也不懂理化。

山前有四十四棵死涩柿子树，山后有四十四只石狮子，山前的四十四棵死涩柿子树，涩死了山后的四十四只石狮子，山后的四十四只石狮子，咬死了山前的四十四棵死涩柿子树，不知是山前的四十四棵死涩柿子树涩死了山后的四十四只石狮子，还是山后的四十四只石狮子咬死了山前的四十四棵死涩柿子树。

刘奶奶买了瓶牛奶，牛奶奶买了斤牛肉，刘奶奶拿错了牛奶奶的牛肉，牛奶奶拿错了刘奶奶的牛奶，到底是牛奶奶拿错了刘奶奶的牛肉，还是牛奶奶错拿了刘奶奶的牛奶。

七巷一个漆匠，西巷一个锡匠。七巷漆匠用了西巷锡匠的锡，西巷锡匠拿了七巷漆匠的漆，七巷漆匠气西巷锡匠用了漆，西巷锡匠讥七巷漆匠拿了锡。

石、斯、施、史四老师，天天和我在一起。石老师教我大公无私，斯老师给我精神粮食；施老师叫我遇事三思，史老师送我知识钥匙。我感谢石、斯、施、史四老师。

五、请大声朗读以下词组，分辨四个声调

四 声 歌

学好声韵辨四声，阴阳上去要分明；

部位方法须找准，开齐合撮属口形；

双唇班报必百波，舌尖当地斗点丁；

舌根高狗工耕故，舌面积结教坚精；

翘舌主争真知道，平舌资则早在增；

擦音发翻飞分复，送气查柴产彻称；

合口呼午枯胡古，开口呼坡歌安康；

撮口虚学寻徐剧，齐齿衣优摇业英；

前鼻恩因烟弯稳，后鼻昂迎中拥声；

咬紧字头归字尾，阴阳上去记变声；

循序渐进坚持练，不难达到纯和清。

六、请大声朗习近平发表的 2021 年新年贺词，试回答下列问题

1. 该段该如何停顿？

2. 判断该段中哪句话该轻读，哪句话该重读。

3. 试判断该段如何做好抑扬。

4. 在朗读中确定哪句为缓,哪句为急。

5. 掌握如何把握段落的节奏。

大家好! 2021 年的脚步越来越近,我在北京向大家致以新年的美好祝福!

2020 年是极不平凡的一年。面对突如其来的新冠肺炎疫情,我们以人民至上、生命至上诠释了人间大爱,用众志成城、坚忍不拔书写了抗疫史诗。在共克时艰的日子里,有逆行出征的豪迈,有顽强不屈的坚守,有患难与共的担当,有英勇无畏的牺牲,有守望相助的感动。从白衣天使到人民子弟兵,从科研人员到社区工作者,从志愿者到工程建设者,从古稀老人到"90 后""00 后"青年一代,无数人以生命赴使命、用挚爱护苍生,将涓滴之力汇聚成磅礴伟力,构筑起守护生命的铜墙铁壁。一个个义无反顾的身影,一次次心手相连的接力,一幕幕感人至深的场景,生动展示了伟大抗疫精神。平凡铸就伟大,英雄来自人民。每个人都了不起! 向所有不幸感染的病患者表示慰问! 向所有平凡的英雄致敬! 我为伟大的祖国和人民而骄傲,为自强不息的民族精神而自豪!

艰难方显勇毅,磨砺始得玉成。我们克服疫情影响,统筹疫情防控和经济社会发展取得重大成果。"十三五"圆满收官,"十四五"全面擘画。新发展格局加快构建,高质量发展深入实施。我国在世界主要经济体中率先实现正增长,预计 2020 年国内生产总值迈上百万亿元新台阶。粮食生产喜获"十七连丰"。"天问一号""嫦娥五号""奋斗者"号等科学探测实现重大突破。海南自由贸易港建设蓬勃展开。我们还抵御了严重洪涝灾害,广大军民不畏艰险,同心协力抗洪救灾,努力把损失降到了最低。我到 13 个省区市考察时欣喜看到,大家认真细致落实防疫措施,争分夺秒复工复产,全力以赴创新创造,神州大地自信自强、充满韧劲,一派只争朝夕、生机勃勃的景象。

2020 年,全面建成小康社会取得伟大历史性成就,决战脱贫攻坚取得决定性胜利。我们向深度贫困堡垒发起总攻,啃下了最难啃的"硬骨头"。历经 8 年,现行标准下近 1 亿农村贫困人口全部脱贫,832 个贫困县全部摘帽。这些年,我去了全国 14 个集中连片特困地区,乡亲们愚公移山的干劲,广大扶贫干部倾情投入的奉献,时常浮现在脑海。我们还要咬定青山不放松,脚踏实地加油干,努力绘就乡村振兴的壮美画卷,朝着共同富裕的目标稳步前行。

今年,我们隆重庆祝深圳等经济特区建立 40 周年、上海浦东开发开放 30 周年。置身春潮涌动的南海之滨、绚丽多姿的黄浦江畔,令人百感交集,先行先试变成了示范引领,探索创新成为了创新引领。改革开放创造了发展奇迹,今后还要以更大气魄深化改革、扩大开放,续写更多"春天的故事"。

大道不孤,天下一家。经历了一年来的风雨,我们比任何时候都更加深切体会到人类命运共同体的意义。我同国际上新老朋友进行了多次通话,出席了多场"云会议",谈得最多的就是和衷共济、团结抗疫。疫情防控任重道远。世界各国人民要携起手来,风雨同舟，早日驱散疫情的阴霾，努力建设更加美好的地球家园。

2021年是中国共产党百年华诞。百年征程波澜壮阔，百年初心历久弥坚。从上海石库门到嘉兴南湖，一艘小小红船承载着人民的重托、民族的希望，越过急流险滩，穿过惊涛骇浪，成为领航中国行稳致远的巍巍巨轮。胸怀千秋伟业，恰是百年风华。我们秉持以人民为中心，永葆初心、牢记使命，乘风破浪、扬帆远航，一定能实现中华民族伟大复兴。

站在"两个一百年"的历史交汇点，全面建设社会主义现代化国家新征程即将开启。征途漫漫，惟有奋斗。我们通过奋斗，披荆斩棘，走过了万水千山。我们还要继续奋斗，勇往直前，创造更加灿烂的辉煌！

此时此刻，华灯初上，万家团圆。新年将至，惟愿山河锦绣、国泰民安！惟愿和顺致祥、幸福美满！

谢谢大家！

（新华社北京2020年12月31日电）

1. 了解基本的态势语言。
2. 学会在适当的场合使用态势语言。
3. 能够自如地将态势语言运用到演讲中。

导 语

所谓"态势语言"，是指综合运用人的手势、眼神、表情等肢体语言来传递信息的一种方式。美国心理学家艾伯尔·梅柏拉曾对语言等行为传递信息的效果进行过多次实验，最后得出一个非常有趣的结论：课堂信息传递的总效果＝7%的文字＋38%的有声语言＋55%的态势语言。

1960 年初美国大选，素以思维敏捷、口齿伶俐、毅力坚强、经验丰富著称的共和党候选人尼克松，满怀信心要入主白宫，当时的盖洛普民意测验也表明，尼克松的得票率在50% 左右，远比民主党候选人肯尼迪40%的得票率有优势。谁知最后选举结果出乎人们的意料，肯尼迪以美国历史上最微弱的票数差额49.9%：49.6%战胜了尼克松。

这是什么原因呢？据美国报界评论，原来，1960 年 9 月 26 日，肯尼迪与尼克松面对美国七千万电视观众，举行了一次电视辩论大赛。双方都为这次辩论作了充分准备。肯尼迪在临场前的三天里偷闲，到阳光明媚的佛罗里达海滩休整了一番，养精蓄锐。

在电视荧屏上，他显得红光满面、精神抖擞，口若悬河地发表了措辞严密的演讲，并对已连任两届的共和党政府进行猛烈抨击。相比之下，尼克松对肯尼迪的辩论实力以及这场辩论对大选结果的影响明显估计不足，连日繁忙的竞选活动使他疲劳不堪，而且他不肯听顾问的意见，没有对脸部作适当的化妆。在强烈的水银灯下，尼克松脸色苍白，眼窝深陷，一副病容，加上不久前膝盖被撞伤，伤痛的折磨，使他显得憔悴不堪。二者"精气神儿"上的反差，成为尼克松竞选失败的一个重要潜在因素。由此可见态势语言对于演讲效果的重要性。

心理学理论"晕轮效应"也认为：一个人给别人的第一个印象往往是人们对其作出判断的依据。因此，身为演讲者，其风度、仪表、神态，都应该力求给观众留下最佳的"第一印象"。

第一节　形体语言的运用

作为会场的中心，演讲者的一举一动都受到关注，因此小到发型、配饰的选择，大到衣着的类别，都需要多方考虑。身体形态可以说是演讲者较为重要的准备之一。本节将分别从穿着、容貌、站姿、坐姿、移动几个方面来介绍形态语言。

一、穿着

在服饰选择上，基本要遵循服饰风格与演讲内容，演讲者的身份、职业一致的原则。一般应选择整洁大方，色彩和谐的服装。如果演讲主题为庄重严肃的话题，那么尽量选用深色的服装；如果是节日庆典等欢庆场合，则需要选择浅色服装。衣服的样式切勿过于华丽或者过于休闲。

虽然多数女性在日常生活中会佩戴各种装饰，但在演讲中应尽可能地少佩戴，以免喧宾夺主，要尽量保持简洁大方的形象。

二、容貌

演讲者首先要保持面部清洁，头发干净、整齐，尤其是长发女士不宜披头散发，应当梳理整齐，最好选择盘发，以突出脸部。而男士头发不宜过长，避免因发型遮挡而影响观众视线，导致观众无法看清楚演讲者。

为了改善个人面部条件，多数女士会通过化妆掩盖自身的瑕疵，但化妆的浓淡应视时间、场合而定，白天工作场合化淡妆，夜晚化浓妆、淡妆都可以。此外，化妆后要注意检查妆容是否与衣着、发型、年龄、身份、职业、气质等相适应。

男士则忌不修理面部，蓄胡子容易给人留下邋遢的印象。

三、站姿

多数演讲者为站姿，为的是突出演讲者的位置。但男士与女士由于先天生理条件的不同，在演讲中的站姿也有所区别。

男士应当选择两脚并拢，稍微分开，手自然下垂置于身体两侧；而女士则应当呈外八，脚跟靠拢，脚尖稍微往外分开，双手交叠，手背朝外至于腹部。

不管男女，站立中都应当保持目光自然，挺胸收腹提臀，站姿挺拔自然。站立过程中切不可乱动，例如抖腿、扯衣服、整理头发等，男士尤其要注意不要将双手插入裤兜内，一来非常容易造成西装褶皱，二来容易给观众留下懒散、不负责任的观感。

四、坐姿

也有些演讲者采用坐姿。坐姿能够体现一个人的涵养与气质，不同的坐姿也能传递不同的信息。例如对话题感兴趣时，大多数人会直立身子凑近；斜着身子坐表示优越感；跷二郎腿虽然可以表示自信，但同时也给人不尊重观众的感觉。坐姿的基本类型分为以下三种：

（一）严肃型

严肃型坐姿要求上身挺直、双手平放在膝盖上，双脚并拢或者微开，女子双膝靠拢，脚踝交叉。这种坐姿体现的是庄重性，一般用于外交谈判、大型会议等严肃的公共场合。

（二）半轻松型

这种坐姿相对较为轻松，后背一般靠在椅子上，手可以轻松地放置在扶手上。这种坐姿有利于拉近谈话双方的距离，创造轻松的氛围，所以一般用于社交、座谈等可以轻松进行的场合。

（三）轻松型

这种坐姿适用于非正式场合，仅限于关系较为亲密的人，所以在坐姿的细节上也没有固定的要求。

五、移动

演讲的过程有时涉及上台下台的走动，但在一般情况下，演讲者应当避免过多的移动。从座位上起身时，就应当注意周围物体，起身时做到动作轻缓，不连带发出扰人噪声；在上台过程中注意行进步幅适中，步履轻盈，自然行进。站到台上后要自然转身，不宜过快。站定后向众人行礼时，应当遵循45°鞠躬原则，幅度过大不够文雅，幅度过小则容易给人不真诚的印象。

在演讲过程中，如果因为演讲内容需要，可进行适度走动，但忌在演讲台上来回移动，否则会使观众"被晃得头晕眼花"。结束演讲后，应当适当行礼向观众表示感谢，例如说"谢谢大家""感谢大家的聆听"等。

第二节 手势动作

手是身体最为灵活的器官之一，因为其灵活的变化、灵巧的姿态而成为演讲中最为重要的辅助工具之一。如果演讲者能够善用手掌、手指、拳头和手臂，那么就有机会给自己的演讲加分，收到意想不到的效果。

一、手掌应用的种类

1. 手掌向上，胳膊向斜上方伸出，表示发出号召。多见于演讲中号召听众一起响应感情、口号、标语、希望等。

例如：

历史川流不息，精神代代相传，伟大的建党精神已经深深融入我们党的血脉之中，为一代又一代中国共产党人不畏艰险、奋勇向前提供了源源不断的精神动力，我们要继续弘扬光荣传统、赓续红色血脉，永远把伟大的建党精神继承下去、发扬光大！（掌心向上，胳膊向斜上方伸出）

2. 手心向下，胳膊微曲，手掌稍向前伸，表示低调、停止、否认、反对、不喜欢的意思。

例如：

对待个人主义要像秋风扫落叶一样！凡是敌人反对的都是我们应该坚持的。凡是敌人赞许的都是我们坚决反对的。

上述两种手势，用单式还是用复式，可视具体情况而定。

3. 两手由合而分，表示分散、分离、断开、无奈的意思。

例如：

这些人真不争气，我个人实在无能为力！

虽然做了许多工作，仍然是不见效的。最后他们还是分开了。

4. 两手由分而合，表示合作、凝聚、接触、见面的意思。

例如：

我们都是来自五湖四海，为了一个共同的革命目标，走到一起来了。

5. 单式手势向前冲，表示激励、打击、前进、力量的意思。注意，此种手势一般要紧密配合最后一句话，果断、猛力地向前方伸出去，给人一种信心和力量。

例如：

对各种分裂破坏行为，我们予以坚决打击、彻底粉碎！

6. 单式手势的推顶，手心向上表示力量和责任。

例如：

就是天塌下来，人民解放军也能顶起来！

7. 手掌向下，向后，则表示卑屑、消极、后退、黑暗的意思。

例如：

这些乌合之众是成不了事的，早晚会被淘汰掉！

二、手指应用的类型

（一）拇指

通常情况下，大拇指朝上伸出，表示赞成、夸奖、第一的意思，但忌在其他国家也不加考虑地使用；在美国和欧洲部分地区，竖大拇指通常用来表示搭车；在尼日利亚，这种手势被认为是侮辱性手势；在德国，拇指朝上无称赞之意，仅仅代表数字1；而在日本，拇指朝上也表示数字，只不过数字为5；在澳大利亚，伸出拇指表示骂人；而在伊朗、伊拉克等很多中东国家，竖大拇指是一个挑衅的行为，几乎等同于西方国家竖中指的意义。

例如：

我们学校这回夺得了第一名！（单手拇指朝上向前伸出）

他的人品不用质疑，顶呱呱的好！（单手拇指朝上向前伸出）

（二）食指

单独使用食指的情况无外乎以下几类：数清楚数量；指物时特指不是其他，而是这一个；指人时多数带有负面情感。

例如：

让我数数，苹果一共是1，2，3，4……（单独伸出食指，在物体间移动）

我不是要这个杯子，是那个，第三排带青花瓷花纹的那个。（单独伸出食指，伸向所指）

就是那个人说的话特别难听。（单独伸出食指，指向所指）

（三）小拇指

小拇指单独使用时表示卑劣。

例如：

他这个人，就是一只小老鼠而已！（小拇指单独伸出朝下）

 三、拳头应用的类型

拳头用于演讲高潮处，一般用于传递激情，引起观众共鸣。

1. 单手举拳，表示捍卫，决心。

例如：政府在救助失学儿童问题上必将有所为！（单手握紧拳头）

2. 单手攥拳，一般表示说话人强忍着极大的愤慨。

例如：

好样的，你敢作出这种丧尽天朗的事情你就要做好准备！（单手攥拳置于身侧）

四、运用手势要注意以下六个方面

（一）上中下三区的运用

上区，就是手势在肩以上，表示积极向上，一般用在号召、鼓励、赞美、表扬的时候。下区，就是手势在腰以下，表示消极的、不好的，一般用在批评指责的时候。中区，就是手势在肩与腰之间，表示一般的描述。演讲过程中，手势一般都在中区。

（二）场面大，手势大；场面小，手势小

当会场大、人数多的时候，手势就要做得大气，让听众都能看见。当会场小、人数少的时候，手势就要做得要小一些，手势太大了，反而会让听众感觉有点张牙舞爪，和现场不协调。

在这里还要分年龄，在对年龄大的人演讲时，手势要尽量小一些；相反，在对年龄小的人演讲时，手势要尽量大一些。另外还有男女之分，对于男士，手势可以大气一些；对于女士，手势可以收敛一些。

（三）肩发力，表示力量；肘发力，表示亲切

站姿要挺拔，不要耸肩、抖肩，收腹抬头，肩膀往下沉，肩胛骨和手腕发力，上下幅度不能超过肩膀，这样作出的动作果敢有力；肘发力的关键其实是大臂发力，动作上下幅度比肩发力小，这样作出来的动作显得柔和，给人以亲切感。

（四）手势应该停留足够长的时间

手势一作出去马上就收回来，会使听众失去信赖感。如歌星在现场唱歌时，他的手会指着一群人好长时间才放下来，然后再去调动另外一群人的情绪。

（五）自己的思维"仓库"里要存储三到五个手势

在运用手势的过程中，切忌一成不变就做一种手势，这样显得太单调、太呆板。

（六）在运用手势过程中要自然、协调

不要为做手势而做手势，初学者刚开始可以多学学别人比较优美、潇洒的手势，模仿是最快的学习，然后可以慢慢地形成自己的风格。当然，刚开始做手势时，会显得不协调甚至有点别扭，这没关系，习惯了就好了，所有的习惯都是从不习惯开始的。

总之，演讲者的手势必须随演讲的内容、演讲者的情感和现场气氛自然地作出来。手势的部位、幅度、方向、力度都应与演讲的有声语言、面部表情、身体姿态密切配合，协调一致，切不可生搬硬套，勉强凑手势。如果手势泛滥，刻意表演，会使人眼花缭乱，也

显得演讲者轻佻作态、哗众取宠。当然，也不可完全不用手势，那样会显得演讲者局促不安，缺乏活力。手势动作只有在与口语表达密切配合时才最具感染力，为演讲锦上添花。

第三节 表情语的应用

演讲过程中演讲者是直接面对观众的，所以讲演者的面部表情显得尤为重要。人的眼睛、嘴巴、眉毛的形状和变化构成一个整体。这三者的不同组合能表现人们的喜、怒、哀、乐、爱、恶、恐等不同情绪。面部表情可谓最好的"无声语言"，据科学家调查显示，在70万种人体语言中，表情语就有25万种，占到人体语言的35.7%。

因此，演讲者有意识地通过面部表情表达自己的思想感情，与所表达的内容融会贯通，就有可能给听众留下深刻的印象，为演讲助一臂之力。

一、目光语

俗话说"眼睛是心灵的窗户"，人们内心的波澜起伏，往往不经意间通过眼神流露出来。通常来说，如果眼神坦坦荡荡，则代表正直、内心坦荡；而如果眼神遮遮掩掩，通常表示心虚、不安。

（一）目光语的技巧

正因为眼神在生活中如此重要，所以如果演讲者可以巧妙掌握与灵活运用眼神交流，通常会收到意想不到的效果。总结起来，对眼神的运用一共有三种技法：点视法、环视法和虚视法。

1. 点视法

点视法是指有目的地重点注视某一部分听众。使用这种方法时，可以做到用眼神与特定人群产生交流。例如，对认真听的听众致以鼓励与感谢，对影响演讲进程的听众传递制止与警告的意思。但运用这种方法的针对性较强，所以不可滥用，以免造成被注视的听众局促不安，其他听众也会因为演讲者的眼神集中于他处而分散注意力。

2. 环视法

环视法是指目光有节奏地环视四周，照顾到全场听众。运用这种方法可以使听众产生亲近感，但头部摆动幅度不可过大，也不要出现眼睛乱瞟的现象。

3. 虚视法

当目光似盯未盯着听众的时候，演讲者往往凸显出其端庄大方的神态，有助于引导听众进入演讲者描述的意境中。但这种方法使用频率不可过高，否则会与听众脱离。

> 演讲人的声调语气、眼神和态度所包含的雄辩能力，比字句的选择还有力量。
>
> ——孟德斯鸠

（二）目光语使用要点

1. 注意目光的方向投射

一般来说，平视对方需要将目光投射到直视前方的位置；如果将目光向斜下方投去，不正视对方则表示鄙视或者轻蔑；如果抬头将目光向上方望去，则表示若有所思；如果上下打量对方，则表示不尊重，有挑衅的意味；如果向对方翻白眼，则表示反感、厌恶的情绪。

在演讲中能够使用到的目光语没有那么丰富，多数情况下会用到正视，给人庄重严肃的感觉，同时还要扫视全场，照顾到场上所有观众。

2. 注意目光注视时间的长短

不论是正式对话还是非正式对话，进行眼神交流都是向对方表示尊重的一种方式。亚兰·皮兹曾经说到，"若想与别人建立良好的默契，应有 60% 到 70% 的时间注视对方，这会使对方开始喜欢你。"以上时间应该是进行目光注视最为合适的时间长度，如果超过这一时间长度，会让人感觉长时间被盯着，十分不自在；但如果短于这个时间长度，又会让对方感觉不认真、不严肃。

3. 注意目光注视的区域

目光注视的区域也应当根据与谈话对象的亲密程度而有所区别。如果是关系密切的人，那么目标的停留范围则不受过多约束，但若是与公众对话，尤其是演讲，则很忌讳将目光放在对方双眼以下、胸部以上的位置。尤其是对女性来说，这会显得十分不礼貌。

二、面部表情

（一）面部表情的类型和重要性

人的各种情绪：喜、怒、哀、乐、愁，都可以通过脸上不同部位、不同肌肉的收缩与舒展来表达。眉毛舒展是喜，横眉冷对是蔑视；嘴角上扬是愉快，而下垂则是苦闷。如果面部表情能够配合演讲，则可以更为生动地表达演讲内容，传递情感。生理学的研究告诉我们：面部肌肉可以产生 7000 多种不同的表情，可见面部表情在沟通过程中的重要性。

> 面部表情是多少世纪培养成功的语言，是比嘴里讲得更复杂千百倍的语言。
>
> ——罗曼·罗兰

（二）面部表情的三忌

一忌表情木然。演讲者在演讲的过程中应当根据演讲的内容随时调整面部表情，如果只是干巴巴地背诵讲稿，面部表情毫无变化，或如一潭死水，那么他的演讲效果可想而知。

二忌神色慌张。演讲的内容应当烂熟于心，如果因为不熟悉演讲内容或者心理产生怯场情绪，那么可以说，这场演讲"砸"了。

三忌神态做作。不真实的情绪流露无法做到感染观众。如果只是自己认为神态到位，而不多加演练，最终在观众看来，演讲者只是自己演了一场戏而已。

在演讲中，演讲者应当做到情感自然流露，面部表情随着演讲内容而发生适当的变化，与演讲节奏配合，突出演讲所需要达到的效果，将情感传递给观众，将听众引入话题中来，以使观众产生共鸣。

（三）微笑的巧用

在演讲中，面部表情传达的信息应该是诚恳坦率、轻松友好的，而不应该展现出盛气凌人的架势，给人以自负的感觉。

所以演讲者的表情应该是落落大方、自然得体、由衷而发的，而不应该是矫揉造作、生硬僵滞的。那么，什么样的表情才是落落大方，不矫揉造作的呢？

在所有面部表情中，微笑无一例外地被人们认为是友好的表示。

研究表明，微笑的人多被认为是热情的、富于同情心和善解人意的。但这种微笑必须是真诚的。虚假的微笑总被看做是谄媚的、奉承的、迎合的，并与故作姿态、装腔作势的人联系在一起。最动人的微笑，往往不需要"做"，而是发自内心的愉悦，由心底真正感觉到，由表情展示出来。经常用微笑面对人和事的人往往会发现世界上更多的美好。

小贴士

著名诗人哈克·巴巴雷（Barbara Hauck）在诗歌《微笑》（*Smile*）中叙述了一个微笑所带来的一连串连锁反应。

她朝一个伤感的人微笑，

那微笑似乎让他感觉好些。

他记起一位朋友昔日的恩情，

便写给他一封信表示感谢。

那位朋友因为那感谢而欣喜，

午饭后留了一大笔小费。

女服务员因小费之大而惊奇，

把这一切归为预感的运气。

第二天她拿起她的所得，

将一部分给了街上的一个男人。

街上的那个男人很感激，

两天了他什么都没吃进肚里。

他美美吃完一顿晚餐，

走进他那又小又黑的家里。

（那一刻他并不知道，

他或许会遭遇厄运。）

路上他把一只瑟瑟发抖的小狗抱起，

带他回家暖和暖和身子。

小狗为此很是感激，

有个家能避开暴风雨。

那夜房子失了火，

小狗汪汪报警了。

他叫得所有人都醒来了，

使大家免遭了伤害。

在他挽救的孩子中，

有一位长大当了总统。

所有这一切只因一个简单的微笑，

那微笑不用花费分文。

第四节　空间和距离

空间和距离在人与人之间的交往中非常重要，它不仅涉及使用周围空间的方式，还涉及接近他人时留出的空间距离。比如刚进入教室，你选择坐的位置往往表明了你打算与老师互动的程度。

一般说来，如果你坐在前排中间靠近讲台的位置，这可能表明你喜欢这位老师并要参与课堂活动。如果你坐在左右侧、后排或角落里，你可能已经无声地告诉老师：我不想与您有互动，您上课也不要提问我。

在人际交往中，我们往往也为自己、他人划出特定的空间与距离。例如，客厅对一般家庭来说是会客所，而卧室则代表着私密的地带。很多人租房子的时候，都会选择共用厨房或者客厅来分担房租，但很少有人同意共享卧室。这种现象与每个人对私密空间的认定是不可分割的。

由此看来，每一种文化都有关于空间和距离的规则。这种规则大致体现为四种层次的距离：亲密距离、人际距离、社会距离和公共距离。

一、亲密距离范围

亲密距离多指人们直接相互接触，相距距离不超过 5 厘米。例如母亲和婴儿在一起时，母亲抱着、吻着、抚摸着婴儿，母亲可以感受到婴儿的气息，并听到他发出的声音。这种亲密距离也适用于恋人和亲密朋友之间。

如果在拥挤的公共汽车、地铁或电梯上，人们不得不挤在一起的时候，可以忽视对方的存在，尽量避免肢体接触，不管在身体还是心理上，都尽量保护自己的私密空间，从而与别人保持距离。

二、人际距离范围

人际距离是进行非正式的个人交谈时经常保持的距离，这个距离对于非正式的个人交谈刚刚好，因为这样的距离足以看清对方的反应，却不足以对自己的私密空间产生侵犯感。

那么，如何区别正式与非正式会谈呢？

试想一下，你现在需要跟学校的校长进行谈话。你走进他办公室的时候，校长仍然坐在办公桌前，那么可以设想你们的谈话将是正式的；如果他站起身来，邀请你并肩坐在舒适的椅子上，这便是一种较为亲密的行为，表明你们的谈话将是非正式的。

三、社会距离范围

社会距离范围适用于非个人事务、社交性例会和访谈的场合。让我们回到上述的校长办公室场景，比如办公室里的办公桌，它的大小足以隔离来访者，使双方保持恰当的社会距离。

四、公共距离范围

公共距离范围往往较大，通常被用在公共演讲中。在这种情况下，人们需要用更大的声音说话，以便让自己的声音传递到各个角落。

小 测 试

1.在演讲过程中，对于态势语言（肢体动作），你通常能够做到的是。

A.从没想过这些   B.偶尔做

C.经常做但机械呆板   D.经常用感觉不错

2.对于演讲主题和观点你能够做到的是。

A.观点模糊   B.有观点，但平淡

C. 观点模糊，缺少概括性　　　　　　D. 观点高度概括

3. 对于演讲结构设计你能做到的是。

A. 不知如何设计　　　　　　　　　　B. 结构层次不清晰

C. 结构有层次，逻辑不严谨　　　　　D. 层次分明结构严谨

4. 对于演讲的具体内容你能做到的是。

A. 内容空洞不具体　　　　　　　　　B. 言之有物但不够通俗

C. 道理多故事少　　　　　　　　　　D. 内容生动引发共鸣

5. 从心态来讲，你在演讲时能够做到的是。

A. 紧张得要命，大脑空白　　　　　　B. 每次都会紧张，但能调整

C. 重要场合才紧张　　　　　　　　　D. 从来不紧张

6. 对于自己的演讲声音，你的评价是。

A. 声音小，没底气　　　　　　　　　B. 音量可以但缺少力度

C. 声音大但不够饱满　　　　　　　　D. 声音饱满、圆润

7. 对你演讲过程中有声语言的总体感觉是。

A. 声音平淡缺少节奏　　　　　　　　B. 声音过快或过慢

C. 节奏无法与内容匹配　　　　　　　D. 节奏适当表达流畅

8. 对于演讲的控场互动你能做到的是。

A. 没有概念，不会　　　　　　　　　B. 演讲现场有些散漫

C. 气氛可以，但不会互动　　　　　　D. 能控场，会互动

9. 从场景来说，你的演讲能做到的是。

A. 很少考虑场景　　　　　　　　　　B. 想到场景，不清楚要注意哪些

C. 了解具体场景，但不知如何结合　　D. 能够结合场景讲话

10. 从演讲总体效果来讲，你的演讲能做到的是。

A. 演讲不能入情景　　　　　　　　　B. 感情平淡，缺少说服力

C. 有感情少激情　　　　　　　　　　D. 有感情有激情感染力强

选项得分对照表

① A——1 分

② B——2 分

③ C——3 分

④ D——4 分

得分说明

12—20 分：你应该利用一切机会加强学习，以后每次当众讲话都要花更多的时间准备和排练。

21—32分：你当众讲话的能力较强，但仍有提高的空间。

33—40分：你有很好的当众讲话的能力，但不要自满，要继续努力。

拓展与应用

一、微笑练习训练（建议每天五分钟）

有魅力的微笑不仅仅是天生的，也可以依靠后天的努力习得。演员和空姐通过微笑练习，练出迷人的微笑，就是最好的例子。

微笑中最重要的是嘴型。因为根据嘴型和嘴角的朝向，可以有不同的微笑。面部肌肉跟其他的肌肉一样，使用得越多，越可以形成正确的移动。

练习微笑总共分为六步，最好每天对着镜子练习：

微笑练习第一步——放松肌肉（双手轻拍脸颊，揉捏脸部肌肉）。

微笑练习第二步——给嘴唇肌肉增加弹性（经常练习口部操）。

微笑练习第三步——形成微笑（找出自己认为最满意最灿烂的微笑）。

微笑练习第四步——保持微笑（持续微笑）。

微笑练习第五步——修正微笑（修正面部肌肤笑得不太好看、不自然的地方）。

微笑练习第六步——打造有魅力的微笑（把微笑做到最好）。

二、手势练习

根据以下的语句提示，一边朗读，一边作出相应的动作，并可以对着镜子练习。

（1）真理、荣誉、正义是他的动机。（一只手，手心向上，中区）

（2）向所有的人宣布这一消息。（两只手，手心向上，中区）

（3）乐曲的音调越来越高。（一只手，手心向上，上区）

（4）伟大的人物也躺在他们倒下的地方。（一只手，手心向上，下区）

（5）高大建筑物突然陷入地下。（两只手，手心向下，下区）

（7）月光洒落在缓和树枝上。（一只手，手心向下，中区）

（8）沿着这寂静的小路，他快步走去。（一只手，手心向下，中区）

（9）风助火势，火乘风感，火苗越升越高。（单手，手心向上，上区）

（10）夜幕笼罩了群山。（手心向下，上区，单手）

三、观看建党百年共青团员和少先队员的集体致献词《请党放心，强国有我！》视频，进行模仿练习。

附文字稿：

请党放心，强国有我！

七一集体献词

今天，

我们站在天安门广场，

紧贴着祖国的心房。

今天，

我们歌颂人民英雄的荣光，

见证着如他们所愿的梦想。

今天，

我们向党致以青春的礼赞，

走过百年、风华正茂的中国共产党。

今天，

我们对党许下青春的誓言，

新的百年，

听党话，感党恩，跟党走；

同心向党，奔赴远方。

妈妈对我说，

在每个人心中

中国共产党都是光荣的模样。

党，是冉冉升起的旭日，

驱散黑暗、带来光明，

将可爱的中国照亮。

党，是高高飘扬的旗帜，

昭示信念、指明方向，

为可爱的中国领航。

老师告诉我，

100 年前，

古老的中华大地

诞生了中国共产党。

播撒信仰的火种，点亮真理的强光。

这束光，

激发了井冈山上的革命理想，

星星之火，可以燎原。

这束光，

照亮了长征路上的正确方向，

雄关漫道，万水千山。

这束光，

辉耀了宝塔山上的民族希望，

保卫华北，保卫黄河。

这束光，
映照了百万雄师横渡长江，
天翻地覆，正道沧桑。
你看，
天安门广场升起第一面五星红旗，
中国人民从此站起来了。
当家作主人，建设新中国，
这是中国人民满怀豪情的激昂。
你听，
抗美援朝保家卫国的军歌嘹亮。
你听，
大庆铁人拼命拿下大油田的誓言铿锵。
你听，
两弹一星震惊世界的东方巨响。
你听，
红旗渠誓把河山重安排的豪迈乐章。
到最祖国最需要的地方去！
南海潮涌，东方风来。
春天的故事在希望的田野上铺展。
故事里，有开放的特区，敢为人先。
故事里，有回归的港澳，游子团圆。
故事里，青藏铁路连接团结进步的桥梁，
故事里，奥运火炬点燃自信自强的烈焰。
团结起来，振兴中华！
站起来，富起来，强起来！
新时代的号角响彻河山。
脱贫攻坚，全面小康，
千年梦想，今朝实现。
坚持以人民为中心。
嫦娥探月，蛟龙深浅，
大国重器，世人惊艳。
科技强则国家强。
生态文明，绿色低碳，
美丽中国展开画卷。
绿水青山就是金山银山。

和平发展，合作共赢，

一带一路互通互联，

推动构建人类命运共同体。

新阶段，新理念，新格局。

中国道路，中国奇迹，举世称赞。

为人民谋幸福，

为民族谋复兴，

满足人民对美好生活的向往，

矢志不变。

江山就是人民，

人民就是江山。

梦在前方，路在脚下。

我们都是追梦人。

为实现第二个百年奋斗目标，

为实现中华民族伟大复兴的中国梦，

准备着。

为共产主义事业而奋斗，

时刻准备着！

不忘初心，青春朝气永在。

志在千秋，百年仍是少年。

奋斗正青春，青春献给党！

请党放心，强国有我！

请党放心，强国有我！

请党放心，强国有我！

请党放心，强国有我！

第五章
命题演讲训练

课前导学

1. 了解命题演讲的基本知识。
2. 掌握命题演讲的基本步骤。
3. 掌握演讲稿的写作技巧。
4. 能够根据要求进行命题演讲。

导 语

　　中小学生的作文大都是命题作文。其实，演讲也有一类是命题的。命题演讲往往针对一些社会热点问题，如与政治、经济、文化和教育相关的话题。命题演讲是经过充分准备后进行的演讲，演讲者不仅要能够有效利用有声语言和态势语言，还应该在记忆演讲稿的基础上，灵活运用演讲技巧，积极克服紧张心理，只有这样才能在演讲中取得更好的效果。

第一节　命题演讲概说

一、命题演讲的概念

　　命题演讲，顾名思义就是根据指定的题目或限定的主题，事先做了充分准备的演讲，一般都是写好书面文稿后进行的演讲。

二、命题演讲的特点

（一）命题演讲的严谨性

　　命题演讲前必须进行充分的准备，演讲题目的确定、材料的选择、演讲稿的设计，甚至演讲者的穿着打扮、语音语调、语速快慢等都是经过精心设计的。因此在演讲过程中，除了根据现场情况，临时采取一定的应变措施之外，演讲者很少会改变原有的设计。

（二）命题演讲的针对性

命题演讲是演讲者在一定的场合，面对特定的对象，为了达到某种目的而进行的演讲，因此具有较强的针对性。针对不同的场合和对象，演讲者应采用不同的演讲内容与形式，要尽量迎合听众的心理，缩短与听众的心理距离，唤起听众的心理共鸣，以达到打动听众、影响听众的效果。

（三）命题演讲的情感性

演讲的目的和作用就在于使听众对演讲者的观点或态度产生认可。命题演讲是有准备的演讲，演讲稿一般需要提前写好，演讲过程也多经过设计和演练。因此，命题演讲更容易把火热的激情融入讲词，体现在声调中，从而达到感染人、打动人的目的。

三、命题演讲的类型

根据命题演讲的主题选定方式，命题演讲可分为定题演讲和自拟题目演讲。

（一）定题演讲

定题演讲是演讲者根据事先确定的题目而进行的演讲。这类演讲对演讲的主题和内容都作了较严格的限制，对演讲者的思想道德水平、文化修养和演讲基本素质都有较高的要求。

（二）自拟题目演讲

自拟题目演讲是演讲者按给定的范围自拟题目而进行的演讲。这类演讲自由度相对较高，演讲者可以根据需要拟定自己较擅长、较容易发挥的题目。但是，这类演讲的内容仍必须符合给定的范围和相关要求。

四、命题演讲的程序

命题演讲一般有了解演讲要求、了解听众、设计演讲稿、演讲演练、正式演讲五个阶段。

（一）了解演讲要求

命题演讲是根据指定的题目或限定的主题进行的有准备的演讲，在命题演讲的准备工作中，充分了解演讲的要求是其他一切工作的基础。具体地来说，演讲者需要了解以下三项内容：一是命题演讲的题目或限定的主题，二是演讲时间的长度，三是演讲的目的。其中前两项都很容易理解，下面重点介绍一下演讲的目的。

演讲的目的是指演讲者希望通过演讲在听众脑海里留下哪些内容或使听众产生哪些行

为。一般来说演讲的目的主要有以下几种：

（1）激励听众的行动。

（2）传播知识或信息。

（3）引起情感的共鸣或理解。

（4）取悦听众。

由于演讲目的不同，演讲者在确定演讲题目、选择材料等方面也会有所不同。

（二）了解听众

在演讲准备的过程中，演讲者必须要了解听众的需求，以便有针对性地做好演讲设计。从听演讲的目的来看，听众大致可分为以下几种类型。

1. 慕名而来

当著名作家、政治家、科学家等发表演讲时，往往有大批听众慕名前往。这类听众的主要目的是一睹名人风采，他们一般不太挑剔演讲水平。

2. 求知而来

学术讲座、技术辅导等可以满足听众求知欲的演讲往往也能吸引一大批听众。这类听众主要是为了获取新的知识和能力，他们在乎的是演讲的内容充实、条理清晰，一般不会过于挑剔演讲技巧。

3. 存疑而来

当演讲主题关系到听众的切身利益时，听众会十分主动地参与演讲交流过程，比如薪酬体系介绍、招聘职位介绍，等等。这类听众一般都是被演讲话题吸引过来的，他们看中的也是演讲内容，对演讲者的身份、地位和演讲技巧不会有苛刻的要求。

4. 捧场而来

在某些演讲比赛中，往往会有一些演讲者的同学、同事、家人、朋友前来助威和捧场。这类听众在渲染演讲会场气氛、调动其他听众情绪方面往往会起到较重要的作用。某种程度上而言，演讲比赛和体育比赛一样，东道主往往因拥有众多为自己捧场的观众而占据优势地位。

5. 娱乐而来

有些听众就是因为喜欢演讲的氛围才来听演讲。在这类观众的潜意识中，往往隐藏着他们对高水平演讲者的崇拜和学习演讲的欲望。

6. 不得不来

在各类庆典、工作报告等场合，有相当一部分听众是由于组织安排或出于礼貌而不得不来的。这类听众对演讲内容可能并不关心，因此要征服这类听众，演讲者需具备高超的演讲技巧。

成功的演讲者既要使其演讲成为听众的一部分，也要使听众成为其演讲的一部分，而其中首要的，便是了解和掌握听众的心理特点。总的来说，听众的心理主要有以下四个特点：

1. 听众对信息的接受具有选择性

听众听演讲是用听觉、视觉器官及大脑进行认知的一种综合心理活动，是在已有经验、知识和心理期待的基础上进行的，因而具有极强的选择性。首先是选择性注意，即只注意那些他们已知、有兴趣、渴望了解或与他们有关系的部分；其次是选择性记忆，即容易记住那些自己愿意记住的信息，忘记那些自己不喜欢的信息；最后是选择性接受，即愿意接受那些与自己认知一致的观点。

2. 自我中心的功利目的

某些演讲失败，并不是演讲者缺乏足够的准备，而是听众对与己无关的演讲缺乏兴趣。这在某些形式主义的讲话场合中更为常见。听众往往考虑那些与他们切身利益密切相关的事情，如晋升职务、调整工资、购买住房等话题，总是比人口普查、计划生育、理论学习等话题更引人关注。因此，演讲者应充分注意听众的兴趣和利益，无论何种类型的演讲，都应从听众角度精心选择和设计演讲的主题、事例和表达方式。

"功利"并不意味着一定是金钱、物质等经济利益，有关思想上的启迪、知识补充、疑难问题的解答、精神上的娱乐等内容，对听众而言都是一种功利的收获，都能满足听众"自我中心"的需求。

3. 持续时间有限的注意力

实验报告显示，人类注意力的持续时间非常有限。以一个单位对象为标准，一般人注意力的持续时间大约只有 3～24 秒。并且，人的大脑随时准备接受新的刺激。因此演讲者应该有意识地制造演讲内容的起伏跌宕，适时变换语调和节奏，甚至插入一些与主题关系并不密切的幽默故事，以维持听众的注意力。

4. 听众心理是独立意识与从众心理的矛盾统一

听众心理既有独立思考、不唯上、不唯书的独立意识的一面，又有受其他听众影响而改变自己看法的一面。在演讲中，往往出现数人笑众人皆笑、数人鼓掌众人皆鼓掌、数人打哈欠众人皆有睡意的现象。高明的演讲者善于控制、调节听众的情绪，能适时煽动起听众的热情，把演讲推向高潮，也能及时发现听众的不耐烦情绪，以主动出击的方式控制消极情绪的蔓延。

（三）设计演讲稿

演讲稿的设计是命题演讲准备中一个很重要的方面，演讲稿设计是否科学恰当直接影响演讲的成败。本章第二节中将重点介绍演讲稿的设计，此处不再赘述。

（四）演讲演练

演练是命题演讲必不可少的一个步骤，主要包括背诵演讲稿和演讲过程的设计。

背诵演讲稿的主要方法有以下三种：

1. 默读

默读是从宏观和微观两个方面了解演讲稿的整体与细节，掌握演讲稿的结构，把握例证阐述的关键点，包括引述的事例、名人名言、数据等。

2. 响读

响读，不仅要读准字音，还要抑扬顿挫地读好句子，理解标点符号的作用以及恰当地运用语气。这一步骤是演讲稿记忆的关键，演讲者需要通过有理有据、有声有色的响读对演讲稿加以体会和记忆。

3. 情读

情读主要是要理解、感受演讲词的情调。我国著名演讲家李燕杰先生曾说过：演讲绝不是从记忆移入记忆，把现成的字句移到别人心中，而是让自己心中的火与听众心中的情一起燃烧。演讲词里要有情调，喜怒哀乐应分明。即使是在阐释事理，也不应冷漠地板着面孔说教。同时，酝酿演讲情调还需要注意适度和真实，感情抒发如缺乏控制，也会影响演讲效果。

演讲过程的设计一般包括服饰、妆容、手势、身姿、表情、辅助工具等方面。服饰和妆容的设计需要根据演讲的场合和演讲的主题而定。手势、身姿、表情会随着演讲过程中情感和演讲内容的变化而不断改变，也有可能会受到现场环境的一定影响，因此很难作出精确的设计，一般只需要在关键处作适当设计即可。

为了使演讲更精彩，在演讲过程中演讲者往往还会借助一些辅助工具。辅助工具的种类有很多，常用的包括幻灯片、视频、图片、模型、实物道具、提示卡等。

在进行演讲时，使用幻灯片、道具、录像等辅助工具有哪些益处呢？

1. 可吸引听众的注意力

如果演讲时声音单调，就容易失去听众的注意力，无论演说者说得如何妙趣横生也难以挽回败势。如果在幻灯片中加入一些生动形象的展示内容，就可以在瞬间唤起听众的兴趣，并将其注意力集中到演讲者身上。就像一道原本无味的菜里加进了合适的调味品，立刻变得美味可口了。

2. 可帮助听众了解演讲者传递的信息

话语并不是唯一有效传递信息的方式，如果能用图片或照片来传递信息，效果就会更佳。现在电脑制作的三维动画很容易做到这一点。

3. 可加深听众记忆

对一般人而言，看到的事物往往比听到的事物更容易长驻心中，如果能够使听众接触到或者直接操作道具，那就更容易在他们心中留下深刻的印象，这就是我们常说的"百闻不如一见"的道理。

4. 可以带来欢乐和趣味

大多数人都喜欢以图形或照片作为表达方式，经过良好设计的辅助工具可以带给我们不少欢乐与趣味，尤其是把色彩的运用发挥到极致时，这种效果更为显著。

5. 可以给演讲者必要的提示

脱稿演讲时，演讲者往往容易因为各种原因而出现忘词的情况，在演讲前做一些提示卡，或在幻灯片中设计一些特定内容都可以有效地给出提示信息。

小贴士☺

制作幻灯片时应注意以下几个关键点：

1. 主题突出

幻灯片的内容一定要突出重点，因为幻灯片是辅助演讲的，而不是发给听众的讲义，它只起一个提纲挈领的作用。

2. 内容和画面与主题契合

幻灯片内容要与图片、照片等相配合，同时要与主题紧密契合。

3. 文字简洁清晰，色彩搭配和谐

一张幻灯片不要挤入太多的字，每张幻灯片上最多可出现20—25个字。同一张幻灯片上出现的颜色最好不要超过三种，应注意色彩的合理组合，保持柔和度。

4. 可以使用列举、比较、图表、数字等多种方法，达到言简、直观的效果

有句话说得好：文不如数，数不如表，表不如图。

冯玉祥的一次抗日演说

施峰

在抗日战争时期，著名爱国将领冯玉祥曾在湖南益阳作过一次抗日演说。1938年秋的一天大早，益阳各界两万多人聚集在益阳市老城区西门外广场，想一睹冯玉祥这位爱国将军的风采。冯玉祥将军为了让自己的演说富有感染力，特地进行了精心准备。

演说时，他先引用了"岂见覆巢之下，复有完卵乎"的名言，然后让战士找来一棵小松树，自己把一个草编的鸟窝放在树丫上，把几只蛋放进鸟窝里。此时他才慷慨激昂地说起来。他把树比作国，把窝比作家，把蛋比作生命，以手握树显示誓死捍卫国家的决心。他沉重地说，现在我们的国家遭到日本帝国主义的侵略，我们要用双手来保卫她，那就是抗日。

如果不抗日——这时他把手一松，树倒了，窝摔了，蛋打了。接着就高声朗诵起他的《鸟爱巢》诗："鸟爱巢，不爱树，树一倒，没住处，你看糊涂不糊涂。人爱家，不爱国，国如亡，家无着，看你怎么去生活……"

冯玉祥就是这样用生动形象的比喻、通俗易懂的语言深入浅出地阐明了有国才有家，不抗日就会遭受国破、家亡、命丧的道理。他的演说震撼了全场。演说完毕，整个会场发出了雷鸣般的掌声，抗日口号此起彼伏，当场就有一千多名青年报名要求上前线杀敌报国。

（见《党史天地》2001年6月15日。）

（五）正式演讲

命题演讲一般要忠于事先准备好的讲稿和有关设计，但在演讲实施的过程中，演讲者仍要根据演讲的现场环境、听众的信息反馈情况，以及在演讲过程中遇到的突发情况，对原来的讲稿和设计作适当的调整或改变。

第二节 演讲稿的撰写

演讲稿的撰写是一项复杂的艺术创作过程，这项工作的完成质量会直接影响到演讲的效果。演讲稿的设计一般需要经过确定主题、确定题目、收集材料、编写提纲、拟定讲稿、修改讲稿等步骤。一些命题演讲的主题或者题目是事先指定的，撰写讲稿的时候可以省略前两个步骤。本节介绍演讲稿的完整撰写过程，在实际应用中大家可以根据命题演讲的具体情况来灵活把握。

一、确定主题

主题是整个演讲的"灵魂"，是演讲者在演讲中所要表达的中心思想或基本观点，它决定着整个演讲思想性的强弱，制约着材料的组织和取舍，同时也影响到演讲的论证方式和主题调度。没有明确的主题，演讲就会像一盘散沙，即使讲得天花乱坠，也会给人不知所云、不解其意的感觉。

历史上那些名垂千史的演讲无一例外都有一个精彩的主题。例如：马丁·路德·金的"我有一个梦想"唤起了很多人对未来的憧憬和希望；罗斯福的"我们唯一恐惧的就是恐惧本身"使美国人抛弃了懦弱和恐惧，走出了令人绝望的20世纪30年代的经济"大萧条"。

在演讲中选择恰当的演讲主题需要注意以下三个方面：

（一）演讲的主题要合时宜

演讲是以宣传、鼓舞、激励听众为目的的，因此演讲的主题应紧紧抓住人们普遍关心的话题，抓住值得深入探讨的问题，抓住社会现实中急需解决的问题。这样的主题才有价值，才能受听众欢迎；这样的演讲才能讲出时代感、讲出新意。同时，演讲的主题还要考虑演讲场合及听众的年龄、职业和文化程度等因素，同时根据听众的具体情况扩展演讲的内涵，这样才会在演讲过程中形成台上台下的互动和交流。

（二）演讲的主题要集中

一般来讲，一篇演讲只能有一个主题，演讲稿只需紧紧围绕这个主题，把问题讲清、讲透即可。若是演讲重点不突出，则会造成主题散漫、中心不明，演讲的整体影响力就会大大降低。很多失败的演讲都是因为没有在主题限定的范围内进行。正如德国著名演讲家海因兹·雷曼说过的："在一次演讲中，宁可牢牢地敲进一个钉子，也不要松松地按上几十个一拔即出的图钉。"

（三）演讲的主题要选择自己熟悉的话题

演讲者最好选择自己熟悉的话题，这样演讲者便能自然地融入自己的思想感情，语调、口气也会自然生动，并能给人亲切感。如果要就某个不熟悉的话题发表演讲，事前应该充分地收集资料，以便熟悉这个话题。

二、确定题目

演讲的主题确立以后应拟定一个合适的题目。演讲的题目不同于主题，它是整个演讲的"眉目"，是演讲稿不可缺少的组成部分。题目是演讲主题和演讲内容的浓缩，好的题目可以成功唤起听众对演讲的兴趣，为演讲的顺利开展创造条件。

演讲的题目必须经过演讲者的认真思考并反复推敲才能获得。好的题目要么含义深远、耐人寻味，要么带动性强、掷地有声，要么思辨性强、饱含哲理。总之，新颖、恰当、生动且富有魅力的题目才能称为好的演讲题目。想要拟定好演讲的题目，应注意以下三点。

（一）题目应体现演讲的主题

演讲的题目应含义清楚，与内容切合，能够揭示演讲的主题并概括演讲的基本内容，不可出现"文不对题"或"题不及意"的情况。比如《只要不放弃，希望就在》，这个题目就比较明确地揭示了演讲的主题；再比如《大数据对个人的影响》，这个题目也一目了然地揭示了主题。

需要注意的是，题目的"大小"要适度，若过于宽泛则难以抓住中心；若太窄又容易束缚思想，限制了演讲主题的表达。

（二）题目应积极向上，富有启发性

演讲的题目要有积极的意义，要有时代感，应富有启发性，能够催人上进。比如《只要不放弃，希望就在》，这个题目很积极，可以引起听众感情上的共鸣；再如《人生就是一场跟岁月的谈判》，这个题目蕴含哲理，留给听众很大的思考空间。

（三）题目应有新意

演讲的题目不宜过长，用语应干净利索、简短明快、富有新意，最好能够使听众一听到题目就产生急切听一听演讲的兴趣。如励志演讲大师尼克·胡哲的《我和世界不一样》，题目简短却很有吸引力；而《为了将来的美好幸福而努力拼搏奋斗》这个题目则让人觉得冗长且无新意。

三、收集和选择材料

材料在演讲中具有重要作用，它是演讲的物质基础，是演讲者观点主张的巨大支柱。所谓演讲材料，就是用于演讲的事物、事理、数据等。材料是演讲的"血肉"，是演讲的基础和依据。

没有材料，任何思想观点的表达都将是空话；没有材料，口才再好的人恐怕也不易取得演讲的成功。因此，收集和选择材料在演讲中是很重要的环节。

材料收集的过程其实就是一个鉴别、筛选的过程。收集材料应该本着真实、充分、新鲜、典型的原则。收集和选择材料有以下三个方面的要求。

（一）占有丰富的材料

演讲要求大量地、详尽地收集和占有资料。材料越充分，思路就越开阔，论据就越充分，就越能正确有力地阐明观点，产生令人信服的力量。

例如：

美国某作家说："我总是搜集十倍于我所要使用的材料，有时甚至达到百倍。"有一次，他写了四篇演讲稿，形成文章的纸张，只有几盎司重。可是，记得密密麻麻的笔记本及他所收集的材料却足有20磅重。

（二）围绕主题筛选材料

收集的材料不能盲目和随意使用，应把握住方向，使所选材料能充分地表现主题，有力地支持主题。只有能充分说明、突出、烘托主题的材料才可被选用，否则就应舍弃，要保证材料内容与演讲观点的统一。

（三）选择典型、新颖的材料

在充分占有材料的基础上，还要注意选择那些最新颖、最典型、最生动的材料，使主题表现得更深刻、更有力。演讲材料新颖、典型，才能较好地激起听众的新奇感，增强演讲的感染力。在搜集材料的过程中，一方面要留心关注现实生活中新近发生的事情，同时还要善于收集那些过去早已发生但并不为人所知的事例。

总之，应认真审慎地收集那些最能说明主旨、最具代表性的事实材料和事例材料，防止和避免材料的平淡化。

四、编写提纲

编写提纲是确定了演讲主题后的一项重要工作。所谓编写提纲，就是确定演讲稿的框架，以提要或图表方式列出观点、材料以及观点材料的组合方式。列出了清晰的提纲，搭建起合理的构架，有助于把自己想要传达的信息成功地传递给对方。

演讲的提纲就像一座建筑物的框架一样，有了筋骨，往里面填写材料就容易多了。在这里介绍两种比较好的编写提纲的方法，供大家参考。

（一）多重目标提纲法

马克·威斯卡普在《九步成为演讲高手》中介绍了一种很好用的编列提纲的方法。

第 1 页：写入"具有行动指向性的演讲题目"。

第 2 页：写入"我的主题句"。

第 3 页：写入"支持性论述 1"。

第 4 页：写入"支持性论述 1：数据 / 信息"。

第 5 页：写入"支持性论述 1：数据 / 信息"。

第 6 页：写入"支持性论述 1：故事"。

第 7 页：写入"支持性论述 2"。

第 8 页：写入"支持性论述 2：数据 / 信息"。

第 9 页：写入"支持性论述 2：数据 / 信息"。

第 10 页：写入"支持性论述 2：故事"。

第 11 页：写入"支持性论述 3"。

第 12 页：写入"支持性论述 3：数据 / 信息"。

第 13 页：写入"支持性论述 3：数据 / 信息"。

第 14 页：写入"支持性论述 3：故事"。

第 15 页：写入"我的主题句：重复"。

第 16 页：写入"具有行动指向性的演讲题目"。

……

这是一个具有多重目标的演讲提纲和模板，可以很轻松地组织演讲者的想法和观点。这个 16 页的提纲包括三部分：演讲的开头（第 1 ~ 2 页）、演讲的主体（第 3 ~ 14 页）、演讲的结尾（第 15 ~ 16 页），它的逻辑结构如下：

（1）发展出一个强有力的演讲题目。

（2）创造出演讲的主题句。

（3）加入第一个支持演讲主题句的论述，用两个方面来展示演讲的数据 / 信息、讲述一个准备的故事。

（4）加入第二个支持演讲主题句的论述，用两个方面来展示演讲的数据 / 信息、讲述一个准备的故事。

（5）加入第三个支持演讲主题句的论述，用两个方面来展示演讲的数据 / 信息、讲述一个准备的故事。

（6）作一个总结。

这个提纲有很强的逻辑结构，就像一个路标一样指引着演讲者成功地完成演讲。

（二）TED 演讲中兼具论点和论据的五要素演讲提纲法

TED 演讲的演讲提纲采用兼具论点和论据的五要素结构设计，由论点和论据组成，以表格的形式呈现出来。演讲者可以根据提纲的提示，从导论（第 1 步）开始进入 A 部分。A 部分的论点是从事例角度得出的，是理性的解释或见解。因此，在此部分应以论据（第 2 步）开始，然后提出论点（第 3 步）。后面的部分与 A 部分的模式一样，由论据引出论点。最后演讲者以结论（第 8 步）结尾。TED 演讲的演讲提纲，如表 5-1 所示。

表 5-1　兼具论点和论据的五要素演讲提纲

要　素	论　点	论　据
导论	第 1 步	
A 部分	第 3 步	第 2 步
B 部分	第 5 步	第 4 步
C 部分	第 7 步	第 6 步
结论	第 8 步	

某演讲者的 TED 演讲提纲，如表 5-2 所示。

表 5-2　某演讲者的 TED 演讲提纲

要　素	论　点	论　据
导论	（1）教育中创造性与文化教育同等重要	
A 部分	（3）孩子天生具有创造力	（2）分享一下故事： ①一个 6 岁的女孩画了一幅上帝的画像 ②肯的儿子在圣诞剧中扮演约瑟夫（圣母玛利亚的丈夫）
B 部分	（5）然而，我们正在教育孩子脱离他们的创造能力，以满足工业化社会的需要。我们没有去创造一个更好的世界，反而在助长学术通胀	（4）引用： ①引用毕加索的例子 ②一个关于移民美国的故事 ③联合国教科文组织的一份统计材料
C 部分	（7）相反，我们应当拥抱人类智慧的多样性	（6）讲述吉利安·林恩（Gillian Lynne）的故事，他是一位成功的舞蹈家和编舞者
结论	（8）因此，我们必须全面教育孩子，这样他们才能有更好的未来，世界也会更加美好	

（注：表 5-1、表 5-2 均选自杰瑞米·多诺万所著的《TED 演讲的秘密：18 分钟改变世界》）

当然，这只是一个模板，是为了给演讲者一个启发，并不是严格的演讲格式。有的演讲者也许会省略 8 个步骤中的一步或者几步。也有的演讲者习惯先提出论点，再用实例证明论点，这也未尝不可。

五、拟定演讲稿

演讲稿通常由开头、中间、结尾三个部分组成，这三个部分必须精心安排、配合恰当，使之成为一个有机的整体。

演讲稿的开头需要确定基调，勾勒出提要；中间部分要层层展开，形成高潮；结尾要收束自然，发人深省，留给听众思考的空间。

（一）开头

瑞士作家温克勒说："开场白有两项任务，一是建立说者与听者之间的感情；二是如字意所示，打开场面，引入正题。"我国古语云："善于始者，成功一半。"可见，演讲的开头在通篇的演讲中的地位很特殊，与众不同的开头可以在演讲者和听众之间成功架起一座沟通思想情感的桥梁，能够唤起听众的兴趣和求知欲，牢牢抓住听众的注意力，使听众迫不及待地听下去。

那么究竟怎样设计和安排演讲的开头呢？演讲内容和时空环境的多样性决定了演讲开头的多样性。演讲常见的开头方式有以下六种。

1. 开门见山式开头

这是演讲稿中最常见的开头方式。这种演讲的一开头就直接提出演讲意图和演讲主题，这种演讲方式有助于在最短的时间内跟听众建立一种亲密的关系。

经典赏析

1941 年 7 月 3 日，斯大林《广播演说》的开头：

同志们！公民们！兄弟姊妹们！我们的陆海军战士们！我的朋友们，我现在向你们讲话！

希特勒德国从 6 月 22 日向我们祖国发动的背信弃义的军事进攻，正在继续着。虽然红军进行了英勇的抵抗，虽然敌人的精锐师团和他们的精锐空军部队已被击溃，被埋葬在战场上，但是敌人又往前线调来了生力军，继续向前闯进。希特勒军队侵占了立陶宛、拉脱维亚的大部地区、白俄罗斯西部地区、乌克兰西部一部分地区。法西斯空军正在扩大其轰炸区域，对穆尔曼斯克、奥尔沙、莫吉廖夫、斯摩棱斯克、基辅、敖德萨、塞瓦斯托波尔等城市大肆轰炸。我们的祖国面临着严重的危险。

……

点评

这种开头方式的演讲开宗明义，简明扼要，能将听众的思绪集中到演讲的中心议题上，有助于激起听众对演讲主要内容的兴趣和思考。

2. 故事式开头

演讲者在演讲中用一个与演讲主题密切相关的故事或事件开头，由于故事具有生动的情节，更容易打动听众，增强演讲的吸引力。

经典赏析　　**一段动画片，让故事演讲化零为整**

2013 年 12 月，特型演员刘劲受中央电视台《开讲啦》邀请作一场演讲。为了说明他的故事《用一辈子做好一件事》，他开头就放了一段动画片。动画片里有一只小熊在队伍的后面排队，他看到其中一边人少就跑另外一边，谁知刚换队伍，又发现原来那个队伍人少，它就来回奔波着，结果其他小熊都排好队了，它还是没排好。

以下为演讲正文。

大家好，我是演员刘劲，今天到了《开讲啦》这个舞台，先请大家看个动画片（放完后）。我想我们很多人在生活中排队都遇到过这种情景，我们很多人还扮演着其中那个小熊的角色。我们站在路的这一头，看见一个路口，就想那个路的尽头，肯定有非常美丽的风景。于是我们就走下去了，走走走，那边又出现一个岔路口。于是乎，我们又往那儿走，就这样反反复复地犹豫彷徨。有很多人问我，刘劲，你怎么做到的？作为一个专业的职业演员，那么好的年华，周而复始，反反复复地做一件事，只演一个人物？我会告诉他，我会用一辈子做好一件事！

故事演讲法，容易越扯越远，找不到中心，尤其像《开讲啦》这样的电视节目，演讲嘉宾往往要讲上 20 分钟左右，往往一讲开头，就容易忘记收尾，或是 20 分钟的时间里能讲几个主题，这样主题就容易散，观众听了半天也找不到核心。在本场演讲中，刘劲为了说好自己的主题"一辈子做好一件事"，就应用了这个小动画片。通过动画片，一下子就帮助观众理清思绪：是说一个人做事是否专心的问题。而通过刘劲的整场演讲看来，他确实做到了这点，从他成名前的坚持努力到做演员的奋斗史，再到一辈子演周总理达 40 多次，都在围绕这个中心展开。让人听后酣畅淋漓，印象深刻。

（摘自：品略图书馆网站）

经典赏析

2008 年全球金融危机，很多企业都不好做，整体经济迅速下滑，星巴克的业绩下滑也在所难免。后来，股东发现公司开支很大，其中有一笔是员工的保险金，高达 3 亿美元，董事会一看这笔支出太大了，于是跟霍华德说：不行，你看现在生意都做不下去了，员工保险还要支出 3 亿美元，把它剔除了吧。

霍华德听完股东的表态后，走到股东面前演讲："在我 7 岁那年，我的父亲还在打临时工，在打工的过程中，不小心把腿摔断了。我的父亲没有买保险，就没办法继续去工作。

那个时候我的妈妈也没有工作，于是我们家借了很多钱，每天晚上都会有人来打电话催债。爸爸和妈妈蜷缩在角落里，他们的眼神非常的恐惧和无助，也在暗示着我，他们不敢接电话。

当时我才7岁，我够不着电话，我就搬了一个小凳子，踩在凳子上去接电话，听着追债的人破口大骂……那个时候我就在想，如果有一天我长大了，我要是一家公司的老板，我一定不会让我的员工跟我的父亲一样遭受这样的境遇。"

因为这段演讲，霍华德打动了所有的股东，员工们的保险被保住了。

点评：

这就是故事的力量，试想一下，如果霍华德讲一大堆的道理与股东据理力争，估计结果就会大相径庭。这个故事里包裹着霍华德的价值观，即员工医疗和生命安全是这个企业最在意的，在他的理念里，员工是第一位的。

3. 引用名言式开头

利用名言警句引出演讲的主题内容，这种开头既能点明演讲主旨，又能增强语言的文采，展现出演讲者深厚的文化底蕴。

经典赏析

演讲稿《事业是怎样成功的》也是以引用名言的方式开头的：

"著名的心理学家郝巴德说：'全世界都愿意把金钱和名誉的最优奖品，只赠给一件事，那就是创造力。'创造力是什么？简单来说，就是不必人家指示，就能够作出别人没做过的事……"

点评：

这种开头方式的优点是有利于思想感情的表达，运用得好，可以使开头言简意赅。这种开头方式应使用恰当的格言警句，否则会弄巧成拙。

4. 设问式开头

问题可以激起听众的好奇心，进而引发听众对演讲内容的兴趣。一些有经验的演讲者经常会利用一连串的问题作为开场。

经典赏析

有一年复旦大学举办《青年与祖国》的演讲比赛，当时由于种种原因，会场嘈杂难静，这时有位同学上台，他刚讲个开头，就立刻扭转了混乱局面，紧紧抓住了观众的心。他说："我想提个问题。"台下听众立即被他这种新奇的开头形式所吸引。他停顿了下，继续说："谁能用一个字来概括青年和祖国的关系呢？"台下听众议论纷纷，情绪活跃。他立即引导说："可以用'根'字来概括这种关系。""我们青年有一个共同的姓，就是中华；有一个共同的名，就是'根'。中华根应该是中国青年最自豪、最光荣的名字！"话音刚落，全场顿时掌声雷动。

点评：

采用设问开头的方式，关键在于问题要提得好，提得恰当，提出的问题要与场合、被提问对象相适应。同时，还要讲究内容的合理性和确定性，要使听众感到新鲜、出乎意料，能激发听众积极思考，而且与后面阐述的问题联系紧密，能巧妙而自然地引发出演讲的主题内容。否则，泛泛地为提问而提问，问题设计不当，或者故弄玄虚，反而会弄巧成拙，不仅不能使人感到新颖别致，反而让人觉得浅陋俗套。

5. 道具式开头

这种开场方式是演讲者在演讲开始前展示一种实物，先给听众一个直观的印象，将实物作为道具，借机提出和阐述自己的见解。

经典赏析

在某次演讲会上，一位选手作了题为《拼搏——永恒的旋律》的演讲。一上场，选手就说："今天我给大家带来了一样礼物，（举起一个小铜盒）我珍藏它已经五年多了。它不仅改变了我的命运，更使我明白了自己肩上重担不止千斤。你们一定想知道它是什么？那就请听一个关于我自己的真实的故事……"

点评：

这种开头方式为演讲设置了悬念，容易提起听众兴趣，把握了听众情绪，赢得了控制演讲的主动权。随后演讲者以铜盒为线索讲了下去，讲到关键处，激动地打开铜盒，拿出内装的他亲笔书写的"拼搏到底"的四个字，给人留下了深刻的印象。

6. 数据式开头

权威的统计数据具有很强的说服力，尤其当数据超出听众的预期时，听众会迫不及待地想知道演讲者会怎样解释该数据，怎样利用该数据诠释问题、解决问题。

经典赏析

在《青少年如何保护视力》的演讲中，开场白可以是这样：

大家了解近年来，青少年近视率是多少吗？

2018年全国儿童青少年近视调查结果显示，我国儿童青少年总体近视发病形势严峻，总体近视率为……而这个数据在2019年变为……到了2020年，这个数据……这也正告诉我们，青少年保护视力刻不容缓。

点评：

数据是特别有说服力的，通过展示各种数据来表明此次演讲的重要性，更能引起听众的兴趣。

（二）主体

演讲稿的主体是指开头与结尾之间的文字，是演讲稿的最核心部分，篇幅较长。一篇演讲稿是否内容充实、论证严谨，主要是看主体部分写得如何。因此，演讲者要充分运用各种论据，调动各种论证方法，有条不紊地、巧妙地证明中心论点，突出主题。同时还应注意，由于主体部分内容较多，故需要讲究结构层次，以便读者能够把握演讲者的思路，领会演讲的内容。在主体的写作上，需要注意以下三点。

1. 紧扣开头

主体应紧承演讲稿的开头部分。开头提出了问题，主体就要紧接着加以阐述。如果开头提出了一个问题，主体却去讲另一个问题，势必会造成文不对题。

2. 做好层次安排

层次是结构的基础，是演讲者传递信息、表达主题过程中形成的相对完整、相对独立的思想单位。安排层次要注意通篇格局，统筹安排，给人以整体感；要主次分明，详略得当，给人以稳定感；要相互照应，过渡自然，给人以匀称感。

演讲稿的层次安排主要有以下四种方式。

（1）直叙式

如果演讲词是以直叙事物发展过程和人物思想变化过程作为主体，那么在演讲稿中可以以时间先后为序、以空间为序或以因果关系为序进行写作。这种结构层次比较简单，但要注意避免整篇演讲平铺直叙，没有重点。

（2）递进式

按事理的展开或认识由浅入深的递进过程来安排结构层次，或按演讲者感情发展的脉络来安排层次。这种层次的划分一般是不可调动的，并且这样的层次安排说理透彻，说服力强。

（3）并列式

从几个方面并列地展开论证或说明一个问题，多角度地、充分地论证。并列式的各层次之间地位是平等的，甚至可以互相调换位置。

（4）比较式

采用同类类比或正反对比的材料进行论证。通过相近或相反材料的佐证，更容易使听众理解演讲者的观点。

3. 巧妙组织与安排演讲高潮

演讲最忌平铺直叙，跌宕起伏才能吸引人。尤其是高潮部分是演讲者感情最激昂、气势最雄劲的时刻，也是听众情绪最激动、精神最振奋的时候。此刻，演讲者与听众感情上产生强烈的共鸣，"共振效应"产生。想要成功地组织与安排高潮部分，可以参考下面三种方法。

（1）先抑后扬法

通过"抑"铺垫，为"扬"蓄势，一旦水到渠成，便可把演讲推向激情飞扬的高潮，使听众受到极大的感染和鼓舞。

（2）对比反衬法

通过"对比"蓄势，造成反衬的艺术效果，这样使演讲产生动人心魄的气势，激起听众心灵的起伏和共鸣。

（3）铺陈渲染法

从各个角度、各个方面对演讲中的有关事物进行铺陈渲染，把听众的思维引入特定的氛围之中，随着铺陈渲染的深入，会积蓄较大的情感力量，在此基础上，揭示演讲主题，把演讲推向高潮。

演讲稿的主体因内容不同而具有复杂性，主体框架的安排方法可以参考前面讲过的演讲提纲的编排，但是一般来讲，演讲稿的主体撰写还要注意以下几点：

第一，每个部分按演讲的先后顺序编上序码，这样可以使演讲层次更加清晰、有条理。

第二，采用过渡句、过渡段，可以起到承上启下、前后呼应的作用，便于听众连贯和记忆。

第三，适当穿插一些故事、趣闻、逸事等使人轻松愉快的内容，这样可以牢牢抓住听众的心。

第四，在适当的时候重申主题或观点，使听众清楚演讲内容，对主题印象深刻。

（三）结尾

明代学者谢榛在《四溟诗话》中说过："起句当如爆竹，骤响易彻；结句当如撞钟，清音有余。"可见演讲的结尾与开头同样重要。如果演讲的开头和主体都很精彩，结尾又别出心裁、发人深省，那更是锦上添花，会给人留下深刻的印象。

那么如何设计和安排演讲的结尾呢？演讲中常见的结尾方式有以下六种。

1. 总结式结尾

在演讲结束时对整个演讲内容作出提纲挈领式的归纳和总结，可以起到提醒和强调的作用，给听众留下完整的总体印象。

经典赏析

《永照华夏的太阳》的演讲在结尾这样总结道：

我们是从哥白尼日心说中认识太阳的，我们又是从历史的迁徙中认识中国共产党的。一百年过去了，一百年斗转星移、日月变迁。太阳的辐射仍依托马列主义的热核放出它巨大的能量，从而去凝聚属于它普照的民族和人民。月亮离不开地球，地球离不开太阳，人民离不开党，中华民族的伟大复兴需要中国共产党的领导，党就是永照华夏的太阳！

点评：

这种结尾方式就是把演讲的主要内容或中心思想加以概括，篇末扣题，要点突出，结构完整，有利于听众把握要点，给听众留下印象。

2. 呼应式结尾

这种结尾与开头呼应，使整篇演讲首尾相合，结构完整。

经典赏析

1989 年，西班牙的卡米洛·何塞·塞拉·特鲁洛克获诺贝尔文学奖，塞拉在授奖仪式上发表了题为《虚构颂》的演讲，他这样结尾："通过努力和想象，人最终可以成其为人。在这种很大一部分尚未完成的事业中，虚构在任何时候、任何情况下都是一个决定性的工具：在通向自由的无尽的征途上，它能够给人们指引方向。"结尾直接回归演讲的主题《虚构颂》，强化了他自己所倡导的"虚构"的重要性，将他的文学主张重重地烙在了人们的心里。

点评：

这样前后呼应的开头和结尾很有带动性，能够给听众留下格外深刻的印象。

3. 感召式结尾

在演讲结尾时为了赢得听众的共鸣和支持，采用表决心、提希望、立誓言、发号召等方式结尾。

经典赏析

2020 年 11 月 4 日，习近平主席在第三届中国国际进口博览会开幕式上发表主旨演讲，结尾这样总结：

中国人常说，"不到长城非好汉"。当前，世界经济发展面临严峻挑战，我们要坚定信心、增强勇气、共克时艰。中国愿同各国一道，在开放中创造机遇，在合作中破解难题，携手创造人类更加美好的明天！

点评：

这是一种带动性结尾，这种结尾方式用充满力量的语句展望未来、展示希望，给人以信心，容易使听众备受感染。

4. 名言式结尾

通过引用格言、诗词、言语等方式结尾。这种结尾言简意赅，同时能增添演讲结尾内容的分量，升华主题，使内容更加充实丰满，具有哲理性和启发性。

经典赏析

2018 年 4 月 10 日，习近平主席在博鳌亚洲论坛 2018 年年会开幕式上发表题为《开放共创繁荣　创新引领未来》的主旨讲话，结尾是这样说的：

"积土而为山，积水而为海。"幸福和美好未来不会自己出现，成功属于勇毅而笃行的人。让我们坚持开放共赢，勇于变革创新，向着构建人类命运共同体的目标不断迈进，共创亚洲和世界的美好未来！

点评：

演讲在结尾处引用了中国的古语，语言凝练、生动，富有新意，增强了演讲的深度和艺术感染力。

5. 祝愿式结尾

祝愿式结尾常使用在一些聚会、典礼等仪式上，这种方式一般是演讲者将自己美好的祝愿送给所纪念、所崇敬的人和事。这种演讲方式的优点是：真挚、亲切、自然、容易营造欢乐的气氛，也容易使演讲达到又一个高潮。

经典赏析

2021年7月6日，习近平在中国共产党与世界政党领导人峰会上发表题为《加强政党合作共谋人民幸福》的主旨讲话，结尾这样说：

女士们、先生们、朋友们！

道阻且长，行则将至；行而不辍，未来可期。前方的路会有曲折，但也充满希望。中国共产党愿继续同各国政党和政治组织一道，站在历史正确的一边，站在人类进步的一边，为推动构建人类命运共同体、建设更加美好的世界作出新的更大贡献！

点评：

演讲的结尾表达了对未来的美好祝愿，基调真挚、亲切，给人留下了美好的憧憬，这也是祝愿式演讲的成功所在。

6. 幽默式结尾，打动人心

除了某些较为庄重的演讲场合外，利用用幽默结束演讲可为演讲添加欢声笑语，使演讲更富有趣味，令人在笑声中深思，并给听者留下愉快的印象。

经典赏析

我国著名作家老舍先生是好幽默的。他在某市的一次演讲中，开头即说"我今天给大家谈六个问题"，接着，他第一、第二、第三、第四、第五，井井有条地谈下去。谈完第五个问题，他发现离散会的时间不多了，于是他提高嗓门，一本正经地说："第六，散会。"听众起初一愣，不久就欢快地鼓起掌来。

点评：

老舍在这里运用的就是一种"平地起波澜"的造势艺术，打破了正常的演讲内容，惟妙惟肖，天衣无缝，从而出乎听众的意料，收到了幽默的效果，怎能不赢得现场听众的热烈掌声和欢笑声！

结尾的方式还有很多，需要注意的是切忌虎头蛇尾，没有高度。落入俗套或者语言干巴的结尾是无法打动听众的。

六、修改演讲稿

演讲稿的修改是撰写演讲稿的最后环节，同时也是提高演讲质量的重要途径。演讲稿的修改过程，一方面是对所讲内容进一步加深认识的过程，另一方面也是对演讲稿的表现形式进一步选择的过程。大多数优秀的演讲稿都是经过反复推敲，精心修改后最终形成的。比如美国前总统罗斯福在每篇演讲草稿写出来后，往往要修改十几次，有时到最后完稿时，第一稿中的内容甚至会全部改光。他如此谨慎认真地起草和修改演讲稿，在演讲史上被传为佳话。

演讲稿的修改必须统观大局，从大处着眼，先校正主题，然后根据主题要求，采取多种手段由内容至结构再至语言进行修改。它一般遵循"先整体、后局部""先观点、后材料"的原则，按照"观点—材料—语言"的顺序进行修改。

（一）校正观点

首先要通读全文，看演讲的意图是否已经清楚地表达出来。每篇演讲稿都有自己的中心主旨和基本观点，通读演讲稿的时候要校正这些观点是否正确、新颖、鲜明，且是否具有普遍的指导意义。如若发现演讲主题涣散，观点模糊不清，立意不高，则要立即修正，否则必然导致演讲的失败。

（二）增删材料

材料是撰写演讲稿的基础，没有合适的材料就不会写出优秀的演讲稿。修改材料主要采取"增、删、换"的方法。如果某些事实材料或是事例材料不充分，演讲内容就会显得单薄，难以使人信服，此时就必须增添和补充适当的材料，使演讲内容显得完整、丰满。

如果选用的材料过多，就会使演讲内容显得臃肿，甚至冲淡了主题，此时就必须删除那些多余的材料，使演讲内容精炼，主旨突出。如果某些材料过于陈旧不够新颖，或是太过空泛不够典型，也要断然采取措施，将这些材料加以调换，重新选择合适的材料补充到演讲稿中。

（三）调整结构

结构是演讲稿的骨架，是根据演讲主旨的要求，将选取的材料构成统一的组织形式。演讲稿的层次安排、段落划分、过渡衔接等方面均需要更好地突出和表现主题。如果在修改过程中发现结构松散，残缺不全，或是轻重颠倒、前后脱节等现象，必须进行相应调整，做到结构严谨，合乎逻辑，详略得当，过渡自然。

（四）精炼语言

演讲的语言要求准确、鲜明、生动，因此，想要撰写一篇优秀的演讲稿就必须在语言的推敲润色上下功夫。要从整个演讲的需要出发，把它放在整篇的具体语言环境中去衡量，特别是要"上口入耳"，既有利于讲，也有利于听。尽量避免使用那些含混不清、晦涩难懂、平板乏味的语句。同时，要注意标点符号的正确运用，力争准确无误地表达思想感情。

拓展与应用

一、请根据提供的内容拟定演讲题目

1. 有两种人在寻找幸福。一种是爬山，他们认为人生最大的幸福就在山顶上，所以他们喘着气，一辈子都在爬山。另一种像爬山，但他们不想去那里，一路上走走停停，看山，欣赏彩虹，吹拂微风，在心灵的放松中得到某种满足。虽然这可能不是一种极大的快乐，但这些小小的安慰却萦绕在心头，像身心一样芬芳、宁静。

2. 张爱玲女士曾经说过这样一句话："对于三十岁以后的人来说，十年八年不过是指缝间的事；而对于年轻人而言，三年五年就可以是一生一世。"（选自《十八春》）

3. 2021 年是中国共产党建党 100 周年，请结合切身体会，抒发对党的情感，歌颂中国共产党的光荣历史和丰功伟绩，展示祖国的繁荣富强和人民的幸福安康，展现广大人民群众朝气蓬勃的精神风貌，进一步激发艰苦奋斗、锐意进取的工作、学习热情。

二、分析演讲稿开头

下面是两个不同演讲的开头，它们各自运用了什么手法？会取得什么样的效果？

1. 告诉我，今天上午你爬上这座六层楼的楼顶时，你喘气了吗？我敢打赌你们中的有些人已经在抱怨为什么安排在这么高的地方，或者后悔没坐电梯。但是你们是否曾经停下来想过，或许问题并不在于楼层高？问题可能正是在于你们没有进行足够的锻炼。

今天我想同你们谈一下，如何才能制订合理的锻炼计划以保持健康并保持体形，代价仅仅是每周三小时的时间，不花你们一分钱。

（摘自鲁道夫·F. 维尔德伯《演讲的艺术》）

运用的手法：_____

取得的效果：_____

2. 这是一个我给高中生讲述过的两个小时的演讲，现在缩短到了三分钟。故事发生在七年前我来 TED 大会的飞机上。坐在我旁边的是一个高中生，还没有成年，她来自一个非常贫穷的家庭。她很想在生活中有一些成就，于是她问了我一个简单的小问题："怎样才能成功？"当时我觉得很尴尬，因为我无法给出一个很好的答案。然后我下了飞机，来到 TED 大会。我想，天哪，我身边坐满了成功人士，我为什么不问问他们成功的秘诀，再告诉那个孩子呢？

（摘自知名学者、作家理查德·约翰在 TED 的演讲）

运用的手法：_____

取得的效果：_____

三、分析演讲稿结尾

下面是几个不同演讲的结尾，各自运用了什么手法？会取得什么样的效果？

1.这就是我们的希望。我怀着这种信念回到南方。有了这个信念，我们将能从绝望之岭劈出一块希望之石。有了这个信念，我们将能把这个国家刺耳的争吵声，改变成为一支洋溢手足之情的优美交响曲。

有了这个信念，我们将能一起工作，一起祈祷，一起斗争，一起坐牢，一起维护自由；因为我们知道，终有一天，我们是会自由的。

……

当我们让自由之声响起，让自由之声从每一个大小村庄、每一个州和每一个城市响起来时，我们将能够加速这一天的到来。那时，上帝的所有儿女，黑人和白人，犹太教徒和非犹太教徒，耶稣教徒和天主教徒，都将手携手，合唱一首古老的黑人灵歌："自由啦！自由啦！感谢全能上帝，我们终于自由啦！"

（摘自马丁·路德·金《我有一个梦》）

运用的手法：_____

取得的效果：_____

2.还是我的那句老话：把生命活得精彩一点。我的比喻就是大树与小草的比喻，还有另外一个比喻：人的生活就像溪流一样，总有一个梦想——流进大海。有的人这一辈子没有流向大海，这条河就是不完整的。长江流向大海，黄河流向大海，但长江、黄河以自己不同的方式流向大海。长江开山劈石穿过大山流向大海，黄河没有开山劈石，结果绕过九曲十八弯。但是不管怎么样，生命再弯最后目标不变。我们唯一要记住的就是要像黄河、长江一样不断地向前流，但是不能变成黄河、长江里面的泥沙，最后自己沉淀下去把生命给沉淀没了。总而言之，生命的精彩只靠自己不靠别人。从来没有什么救世主，想要活得精彩、幸福，只能靠我们身边的每一个朋友的共同努力！

（摘自俞敏洪《我坚持下去不是因为我坚强，而是因为我别无选择》）

运用的手法：_____

取得的效果：_____

3.青年朋友们，爱我们的国家吧，爱我们的民族吧，同心协力，把我们民族的正气，把我们中华民族奋发图强的爱国主义精神极大地发扬起来！最后，用几句名人名言作为结束语：

谁不属于自己的祖国，他就不属于人类！

爱国主义的力量多么伟大呀！在它面前，人的爱生之念，畏苦之情，算什么？我无论做什么，始终在想着，只要我的精力允许我的话，我就要首先为我的祖国服务！

真正的爱国主义不应表现在漂亮的话上，而应表现在为祖国谋福利，为人民谋福利的行动上！"

（摘自李燕杰演讲稿《国家、民族与正气》）

运用的手法：＿＿＿＿＿＿＿＿＿＿＿＿＿＿＿＿＿＿＿

取得的效果：＿＿＿＿＿＿＿＿＿＿＿＿＿＿＿＿＿＿＿

四、深度分析演讲稿

请认真阅读以下演讲稿，然后根据评析要点提示，利用本章所学的相关知识，深度分析。

📖 演讲稿 1

习近平在庆祝中国共产党成立一百周年大会上的讲话

同志们，朋友们：

今天，在中国共产党历史上，在中华民族历史上，都是一个十分重大而庄严的日子。我们在这里隆重集会，同全党全国各族人民一道，庆祝中国共产党成立一百周年，回顾中国共产党百年奋斗的光辉历程，展望中华民族伟大复兴的光明前景。

首先，我代表党中央，向全体中国共产党员致以节日的热烈祝贺！

在这里，我代表党和人民庄严宣告，经过全党全国各族人民持续奋斗，我们实现了第一个百年奋斗目标，在中华大地上全面建成了小康社会，历史性地解决了绝对贫困问题，正在意气风发向着全面建成社会主义现代化强国的第二个百年奋斗目标迈进。这是中华民族的伟大光荣！这是中国人民的伟大光荣！这是中国共产党的伟大光荣！

同志们、朋友们！

中华民族是世界上伟大的民族，有着5000多年源远流长的文明历史，为人类文明进步作出了不可磨灭的贡献。1840年鸦片战争以后，中国逐步成为半殖民地半封建社会，国家蒙辱、人民蒙难、文明蒙尘，中华民族遭受了前所未有的劫难。从那时起，实现中华民族伟大复兴，就成为中国人民和中华民族最伟大的梦想。

为了拯救民族危亡，中国人民奋起反抗，仁人志士奔走呐喊，太平天国运动、戊戌变法、义和团运动、辛亥革命接连而起，各种救国方案轮番出台，但都以失败而告终。中国迫切需要新的思想引领救亡运动，迫切需要新的组织凝聚革命力量。

十月革命一声炮响，给中国送来了马克思列宁主义。在中国人民和中华民族的伟大觉醒中，在马克思列宁主义同中国工人运动的紧密结合中，中国共产党应运而生。中国产生了共产党，这是开天辟地的大事变，深刻改变了近代以后中华民族发展的方向和进程，深刻改变了中国人民和中华民族的前途和命运，深刻改变了世界发展的趋势和格局。

中国共产党一经诞生，就把为中国人民谋幸福、为中华民族谋复兴确立为自己的初心使命。一百年来，中国共产党团结带领中国人民进行的一切奋斗、一切牺牲、一切创造，归结起来就是一个主题：实现中华民族伟大复兴。

——为了实现中华民族伟大复兴，中国共产党团结带领中国人民，浴血奋战、百折不挠，创造了新民主主义革命的伟大成就。我们经过北伐战争、土地革命战争、抗日战争、解放战争，以武装的革命反对武装的反革命，推翻帝国主义、封建主义、官僚资本主义三座大山，建立了人民当家作主的中华人民共和国，实现了民族独立、人民解放。新民主主义革命的胜利，彻底结束了旧中国半殖民地半封建社会的历史，彻底结束了旧中国一盘散沙的局面，彻底废除了列强强加给中国的不平等条约和帝国主义在中国的一切特权，为实现中华民族伟大复兴创造了根本社会条件。中国共产党和中国人民以英勇顽强的奋斗向世界庄严宣告，中国人民站起来了，中华民族任人宰割、饱受欺凌的时代一去不复返了！

——为了实现中华民族伟大复兴，中国共产党团结带领中国人民，自力更生、发愤图强，创造了社会主义革命和建设的伟大成就。我们进行社会主义革命，消灭在中国延续几千年的封建剥削压迫制度，确立社会主义基本制度，推进社会主义建设，战胜帝国主义、霸权主义的颠覆破坏和武装挑衅，实现了中华民族有史以来最为广泛而深刻的社会变革，实现了一穷二白、人口众多的东方大国大步迈进社会主义社会的伟大飞跃，为实现中华民族伟大复兴奠定了根本政治前提和制度基础。中国共产党和中国人民以英勇顽强的奋斗向世界庄严宣告，中国人民不但善于破坏一个旧世界、也善于建设一个新世界，只有社会主义才能救中国，只有社会主义才能发展中国！

——为了实现中华民族伟大复兴，中国共产党团结带领中国人民，解放思想、锐意进取，创造了改革开放和社会主义现代化建设的伟大成就。我们实现新中国成立以来党的历史上具有深远意义的伟大转折，确立党在社会主义初级阶段的基本路线，坚定不移推进改革开放，战胜来自各方面的风险挑战，开创、坚持、捍卫、发展中国特色社会主义，实现了从高度集中的计划经济体制到充满活力的社会主义市场经济体制、从封闭半封闭到全方位开放的历史性转变，实现了从生产力相对落后的状况到经济总量跃居世界第二的历史性突破，实现了人民生活从温饱不足到总体小康、奔向全面小康的历史性跨越，为实现中华民族伟大复兴提供了充满新的活力的体制保证和快速发展的物质条件。中国共产党和中国人民以英勇顽强的奋斗向世界庄严宣告，改革开放是决定当代中国前途命运的关键一招，中国大踏步赶上了时代！

——为了实现中华民族伟大复兴，中国共产党团结带领中国人民，自信自强、守正创新，统揽伟大斗争、伟大工程、伟大事业、伟大梦想，创造了新时代中国特色社会主义的伟大成就。党的十八大以来，中国特色社会主义进入新时代，我们坚持和加强党的全面领导，统筹推进“五位一体”总体布局、协调推进“四个全面”战略布局，坚持和完善中国特色社会主义制度、推进国家治理体系和治理能力现代化，坚持依规治党、形成比较完善的党内法规体系，战胜一系列重大风险挑战，实现第一个百年奋斗目标，明确实现第二个百年奋斗目标的战略安排，党和国家事业取得历史性成就、发生历史性变革，为实现中华民族伟大复兴提供了更为完善的制度保证、更为坚实的物质基础、更为主动的精神力量。

中国共产党和中国人民以英勇顽强的奋斗向世界庄严宣告，中华民族迎来了从站起来、富起来到强起来的伟大飞跃，实现中华民族伟大复兴进入了不可逆转的历史进程！

一百年来，中国共产党团结带领中国人民，以"为有牺牲多壮志，敢教日月换新天"的大无畏气概，书写了中华民族几千年历史上最恢宏的史诗。这一百年来开辟的伟大道路、创造的伟大事业、取得的伟大成就，必将载入中华民族发展史册、人类文明发展史册！

同志们、朋友们！

一百年前，中国共产党的先驱们创建了中国共产党，形成了坚持真理、坚守理想，践行初心、担当使命，不怕牺牲、英勇斗争，对党忠诚、不负人民的伟大建党精神，这是中国共产党的精神之源。

一百年来，中国共产党弘扬伟大建党精神，在长期奋斗中构建起中国共产党人的精神谱系，锤炼出鲜明的政治品格。历史川流不息，精神代代相传。我们要继续弘扬光荣传统、赓续红色血脉，永远把伟大建党精神继承下去、发扬光大！

同志们、朋友们！

一百年来，我们取得的一切成就，是中国共产党人、中国人民、中华民族团结奋斗的结果。以毛泽东同志、邓小平同志、江泽民同志、胡锦涛同志为主要代表的中国共产党人，为中华民族伟大复兴建立了彪炳史册的伟大功勋！我们向他们表示崇高的敬意！

此时此刻，我们深切怀念为中国革命、建设、改革，为中国共产党建立、巩固、发展作出重大贡献的毛泽东、周恩来、刘少奇、朱德、邓小平、陈云同志等老一辈革命家，深切怀念为建立、捍卫、建设新中国英勇牺牲的革命先烈，深切怀念为改革开放和社会主义现代化建设英勇献身的革命烈士，深切怀念近代以来为民族独立和人民解放顽强奋斗的所有仁人志士。他们为祖国和民族建立的丰功伟绩永载史册！他们的崇高精神永远铭记在人民心中！

人民是历史的创造者，是真正的英雄。我代表党中央，向全国广大工人、农民、知识分子，向各民主党派和无党派人士、各人民团体、各界爱国人士，向人民解放军指战员、武警部队官兵、公安干警和消防救援队伍指战员，向全体社会主义劳动者，向统一战线广大成员，致以崇高的敬意！向香港特别行政区同胞、澳门特别行政区同胞和台湾同胞以及广大侨胞，致以诚挚的问候！向一切同中国人民友好相处，关心和支持中国革命、建设、改革事业的各国人民和朋友，致以衷心的谢意！

同志们、朋友们！

初心易得，始终难守。以史为鉴，可以知兴替。我们要用历史映照现实、远观未来，从中国共产党的百年奋斗中看清楚过去我们为什么能够成功、弄明白未来我们怎样才能继续成功，从而在新的征程上更加坚定、更加自觉地牢记初心使命、开创美好未来。

——以史为鉴、开创未来，必须坚持中国共产党坚强领导。办好中国的事情，关键在党。中华民族近代以来180多年的历史、中国共产党成立以来100年的历史、中华人民共和国成立以来70多年的历史都充分证明，没有中国共产党，就没有新中国，就没有中华民族伟大复兴。历史和人民选择了中国共产党。中国共产党领导是中国特色社会主义最本质的特征，是中国特色社会主义制度的最大优势，是党和国家的根本所在、命脉所在，是全国各族人民的利益所系、命运所系。

新的征程上，我们必须坚持党的全面领导，不断完善党的领导，增强"四个意识"、坚定"四个自信"、做到"两个维护"，牢记"国之大者"，不断提高党科学执政、民主执政、依法执政水平，充分发挥党总揽全局、协调各方的领导核心作用！

——以史为鉴、开创未来，必须团结带领中国人民不断为美好生活而奋斗。江山就是人民、人民就是江山，打江山、守江山，守的是人民的心。中国共产党根基在人民、血脉在人民、力量在人民。中国共产党始终代表最广大人民根本利益，与人民休戚与共、生死相依，没有任何自己特殊的利益，从来不代表任何利益集团、任何权势团体、任何特权阶层的利益。任何想把中国共产党同中国人民分割开来、对立起来的企图，都是绝不会得逞的！9500多万中国共产党人不答应！14亿多中国人民也不答应！

新的征程上，我们必须紧紧依靠人民创造历史，坚持全心全意为人民服务的根本宗旨，站稳人民立场，贯彻党的群众路线，尊重人民首创精神，践行以人民为中心的发展思想，发展全过程人民民主，维护社会公平正义，着力解决发展不平衡不充分问题和人民群众急难愁盼问题，推动人的全面发展、全体人民共同富裕取得更为明显的实质性进展！

——以史为鉴、开创未来，必须继续推进马克思主义中国化。马克思主义是我们立党立国的根本指导思想，是我们党的灵魂和旗帜。中国共产党坚持马克思主义基本原理，坚持实事求是，从中国实际出发，洞察时代大势，把握历史主动，进行艰辛探索，不断推进马克思主义中国化时代化，指导中国人民不断推进伟大社会革命。中国共产党为什么能，中国特色社会主义为什么好，归根到底是因为马克思主义行！

新的征程上，我们必须坚持马克思列宁主义、毛泽东思想、邓小平理论、"三个代表"重要思想、科学发展观，全面贯彻新时代中国特色社会主义思想，坚持把马克思主义基本原理同中国具体实际相结合、同中华优秀传统文化相结合，用马克思主义观察时代、把握时代、引领时代，继续发展当代中国马克思主义、21世纪马克思主义！

——以史为鉴、开创未来，必须坚持和发展中国特色社会主义。走自己的路，是党的全部理论和实践立足点，更是党百年奋斗得出的历史结论。中国特色社会主义是党和人民历经千辛万苦、付出巨大代价取得的根本成就，是实现中华民族伟大复兴的正确道路。我们坚持和发展中国特色社会主义，推动物质文明、政治文明、精神文明、社会文明、生态文明协调发展，创造了中国式现代化新道路，创造了人类文明新形态。

新的征程上，我们必须坚持党的基本理论、基本路线、基本方略，统筹推进"五位一体"总体布局、协调推进"四个全面"战略布局，全面深化改革开放，立足新发展阶段，完整、准确、全面贯彻新发展理念，构建新发展格局，推动高质量发展，推进科技自立自强，保证人民当家作主，坚持依法治国，坚持社会主义核心价值体系，坚持在发展中保障和改善民生，坚持人与自然和谐共生，协同推进人民富裕、国家强盛、中国美丽。

中华民族拥有在5000多年历史演进中形成的灿烂文明，中国共产党拥有百年奋斗实践和 70 多年执政兴国经验，我们积极学习借鉴人类文明的一切有益成果，欢迎一切有益的建议和善意的批评，但我们绝不接受"教师爷"般颐指气使的说教！中国共产党和中国人民将在自己选择的道路上昂首阔步走下去，把中国发展进步的命运牢牢掌握在自己手中！

——以史为鉴、开创未来，必须加快国防和军队现代化。强国必须强军，军强才能国安。坚持党指挥枪、建设自己的人民军队，是党在血与火的斗争中得出的颠扑不破的真理。人民军队为党和人民建立了不朽功勋，是保卫红色江山、维护民族尊严的坚强柱石，也是维护地区和世界和平的强大力量。

新的征程上，我们必须全面贯彻新时代党的强军思想，贯彻新时代军事战略方针，坚持党对人民军队的绝对领导，坚持走中国特色强军之路，全面推进政治建军、改革强军、科技强军、人才强军、依法治军，把人民军队建设成为世界一流军队，以更强大的能力、更可靠的手段捍卫国家主权、安全、发展利益！

——以史为鉴、开创未来，必须不断推动构建人类命运共同体。和平、和睦、和谐是中华民族 5000 多年来一直追求和传承的理念，中华民族的血液中没有侵略他人、称王称霸的基因。中国共产党关注人类前途命运，同世界上一切进步力量携手前进，中国始终是世界和平的建设者、全球发展的贡献者、国际秩序的维护者！

新的征程上，我们必须高举和平、发展、合作、共赢旗帜，奉行独立自主的和平外交政策，坚持走和平发展道路，推动建设新型国际关系，推动构建人类命运共同体，推动共建"一带一路"高质量发展，以中国的新发展为世界提供新机遇。中国共产党将继续同一切爱好和平的国家和人民一道，弘扬和平、发展、公平、正义、民主、自由的全人类共同价值，坚持合作、不搞对抗，坚持开放、不搞封闭，坚持互利共赢、不搞零和博弈，反对霸权主义和强权政治，推动历史车轮向着光明的目标前进！

中国人民是崇尚正义、不畏强暴的人民，中华民族是具有强烈民族自豪感和自信心的民族。中国人民从来没有欺负、压迫、奴役过其他国家人民，过去没有，现在没有，将来也不会有。同时，中国人民也绝不允许任何外来势力欺负、压迫、奴役我们，谁妄想这样干，必将在 14 亿多中国人民用血肉筑成的钢铁长城面前碰得头破血流！

——以史为鉴、开创未来，必须进行具有许多新的历史特点的伟大斗争。敢于斗争、敢于胜利，是中国共产党不可战胜的强大精神力量。实现伟大梦想就要顽强拼搏、不懈奋斗。今天，我们比历史上任何时期都更接近、更有信心和能力实现中华民族伟大复兴的目标，同时必须准备付出更为艰巨、更为艰苦的努力。

新的征程上，我们必须增强忧患意识、始终居安思危，贯彻总体国家安全观，统筹发展和安全，统筹中华民族伟大复兴战略全局和世界百年未有之大变局，深刻认识我国社会主要矛盾变化带来的新特征新要求，深刻认识错综复杂的国际环境带来的新矛盾新挑战，敢于斗争，善于斗争，逢山开道、遇水架桥，勇于战胜一切风险挑战！

——以史为鉴、开创未来，必须加强中华儿女大团结。在百年奋斗历程中，中国共产党始终把统一战线摆在重要位置，不断巩固和发展最广泛的统一战线，团结一切可以团结的力量、调动一切可以调动的积极因素，最大限度凝聚起共同奋斗的力量。爱国统一战线是中国共产党团结海内外全体中华儿女实现中华民族伟大复兴的重要法宝。

新的征程上，我们必须坚持大团结大联合，坚持一致性和多样性统一，加强思想政治引领，广泛凝聚共识，广聚天下英才，努力寻求最大公约数、画出最大同心圆，形成海内外全体中华儿女心往一处想、劲往一处使的生动局面，汇聚起实现民族复兴的磅礴力量！

——以史为鉴、开创未来，必须不断推进党的建设新的伟大工程。勇于自我革命是中国共产党区别于其他政党的显著标志。我们党历经千锤百炼而朝气蓬勃，一个很重要的原因就是我们始终坚持党要管党、全面从严治党，不断应对好自身在各个历史时期面临的风险考验，确保我们党在世界形势深刻变化的历史进程中始终走在时代前列，在应对国内外各种风险挑战的历史进程中始终成为全国人民的主心骨！

新的征程上，我们要牢记打铁必须自身硬的道理，增强全面从严治党永远在路上的政治自觉，以党的政治建设为统领，继续推进新时代党的建设新的伟大工程，不断严密党的组织体系，着力建设德才兼备的高素质干部队伍，坚定不移推进党风廉政建设和反腐败斗争，坚决清除一切损害党的先进性和纯洁性的因素，清除一切侵蚀党的健康肌体的病毒，确保党不变质、不变色、不变味，确保党在新时代坚持和发展中国特色社会主义的历史进程中始终成为坚强领导核心！

同志们、朋友们！

我们要全面准确贯彻"一国两制"、"港人治港"、"澳人治澳"、高度自治的方针，落实中央对香港、澳门特别行政区全面管治权，落实特别行政区维护国家安全的法律制度和执行机制，维护国家主权、安全、发展利益，维护特别行政区社会大局稳定，保持香港、澳门长期繁荣稳定。

解决台湾问题、实现祖国完全统一，是中国共产党矢志不渝的历史任务，是全体中华儿女的共同愿望。要坚持一个中国原则和"九二共识"，推进祖国和平统一进程。包括两岸同胞在内的所有中华儿女，要和衷共济、团结向前，坚决粉碎任何"台独"图谋，共创民族复兴美好未来。任何人都不要低估中国人民捍卫国家主权和领土完整的坚强决心、坚定意志、强大能力！

同志们、朋友们！

未来属于青年，希望寄予青年。一百年前，一群新青年高举马克思主义思想火炬，在风雨如晦的中国苦苦探寻民族复兴的前途。一百年来，在中国共产党的旗帜下，一代代中国青年把青春奋斗融入党和人民事业，成为实现中华民族伟大复兴的先锋力量。新时代的中国青年要以实现中华民族伟大复兴为己任，增强做中国人的志气、骨气、底气，不负时代，不负韶华，不负党和人民的殷切期望！

同志们、朋友们！

一百年前，中国共产党成立时只有50多名党员，今天已经成为拥有9500多万名党员、领导着14亿多人口大国、具有重大全球影响力的世界第一大执政党。

一百年前，中华民族呈现在世界面前的是一派衰败凋零的景象。今天，中华民族向世界展现的是一派欣欣向荣的气象，正以不可阻挡的步伐迈向伟大复兴。

过去一百年，中国共产党向人民、向历史交出了一份优异的答卷。现在，中国共产党团结带领中国人民又踏上了实现第二个百年奋斗目标新的赶考之路。

全体中国共产党员！党中央号召你们，牢记初心使命，坚定理想信念，践行党的宗旨，永远保持同人民群众的血肉联系，始终同人民想在一起、干在一起，风雨同舟、同甘共苦，继续为实现人民对美好生活的向往不懈努力，努力为党和人民争取更大光荣！

同志们、朋友们！

中国共产党立志于中华民族千秋伟业，百年恰是风华正茂！回首过去，展望未来，有中国共产党的坚强领导，有全国各族人民的紧密团结，全面建成社会主义现代化强国的目标一定能够实现，中华民族伟大复兴的中国梦一定能够实现！

伟大、光荣、正确的中国共产党万岁！

伟大、光荣、英雄的中国人民万岁！

（来源：新华网，2021年7月1日）

评析要点提示：

1. 这篇演讲稿采用了什么方式开头？采用了什么方式结尾？

2. 这篇演讲稿的结构特点是怎样的？

3. 这篇演讲稿的语言具有什么特色？

五、请在以下两篇演讲稿中任选一篇，限时记忆演讲稿，然后进行演讲。

🎤 **演讲稿1**

语言的力量

今年《舌尖上的中国II》在中国热播，我发现了一个特别神奇的现象：很多美国主流媒体包括《华尔街日报》在内，在它们的门户网站上面刊登文章抨击《舌尖上的中国II》，说这是中国用纪录片的方式输出他们的政治理想和抱负。我当时就傻了，我就纳了闷了，你们这些吃汉堡包的命为什么要操我们满汉全席的心呢？

他们为什么不能理解我们单纯的"吃货"的世界呢？其实我也能理解他们。在《华尔街日报》的理由中，它说因为《舌尖上的中国II》中大量描述了中国边疆的情况，有很多少数民族的信息，这是我们的统战要求。可是亲爱的美国记者同学，我们是一个五十六个民族的国家，我们大家在座的很多哥儿们，最爱吃的就是新疆乌鲁木齐的羊肉串，对吧？在座有很多女孩都喜欢港台的甜点。切糕我们吃，茶叶蛋我们也吃，这就是我们中国人。我们爱吃、懂吃，这是我们文化的一部分。

你说他们为什么不明白？其实这里面有比文化更深刻的原因。120年以前的今天，1894年中日甲午海战，跌落到太平洋深渊的，除了北洋舰队的全体官兵，还有晚清当时脆弱的文化自信。从那个时候开始，好像每个国家只要有点能力就都能到中国来践踏，都能告诉我们：你们的文化不行。但今天，局面有了怎样的改变？我们中国已经成了世界第二大经济体。在军事在政治在经济上，没有一个国家能给我们绝对的压制。那文化上呢？这120年以来，西方对我们的文化压制减弱了多少？我们在文化上打过翻身仗吗？

针对《舌尖上的中国 II》发一篇批评我们的文章，这不是他们真实的想法，他们真实的动机是运用这种武器来对付我们。这么多年来，这场文化的战争从来没有停息过。在这场文化的战争中，语言是最有力量的武器。它可能要透过很多媒体到达我们身边。最近希拉里做了一期演讲，她说美国只要运用好文化的软实力和巧实力，就可以一直牢牢地掌握着中国。

掌握？！

法国的一位学者，说了这样一句话：中国一直处于云山雾绕的战斗之中。但你们却没有防御的权利。他说的是一场文化战争。西方的媒体好像对我们中国的个别负面的新闻特别着迷。我记得很清楚，2008年北京奥运会，我们的火炬传递，在巴黎在伦敦，受到了那么多的阻拦，欧洲那么多的主流媒体，那些大报纸的头版，竟然在为那些破坏者开脱！在帮他们找正当化的理由！

是，我们强大了。中国现在经济上去了。是，我们也有不足，我们也在想办法完善。但这些都不构成他们用语言来污名化和妖魔化中国的理由。在古代，咱们说的最多的是，君子讷于言而敏于行。但是我想，在这个文化战争愈演愈烈的年代，为了保护我们文化的底线，保护住中国人文化的自尊和自信，如果有人、如果有国家敢用语言的力量，攻击我们的自信和自尊，任何一个中国人都应该站起来，直面他，反击他！

现在是一个新媒体的时代，语言的力量越来越强大。因为每一个人的声音，都能让越来越多的人越来越容易地听到。这是好事。但是我们也要知道，我们的对手，他们送来的那些炸弹，也更多地在我们身边炸响。

一个国家对另外一个国家产生质的胜利是什么意思？是它能让那个国家的青年人失去对这个国家的信心。这太可怕了，这就是语言的力量。但没关系，因为我们已经看到了希望，2011年，中国的国家宣传片出现在美国纽约时代广场的大屏幕里。今年，当美国有线电视新闻网（CNN）再一次出现辱华事件时，有那么多的中国留学生、那么多的华人都站出来，游行抗议。无论中国国家宣传片还是大家抗议的身影，都是我们中国语言的力量。

语言是文化战争中最基本的武器。这就像是步枪，我们每一个人都拥有。我们可以用语言去塑造中国的形象。很多人都有外国的朋友，我们有责任告诉他们，真实的中国是什么样的。不要去相信那些被西方的媒体所概括出来的，不是中国的中国。那不是我们。我相信我们今天在座的这么多的媒体朋友，还有今天同时正在工作的那么多的媒体同仁，你们一定会坚持更多的你们的原则和力量，保护中国的形象。因为如果我们拿的是步枪，你们拿的就是核武器。我相信只要我们一起运用语言的力量，一起用这份最坚实的力量守护我们的文化的土地，我们一定可以，实现那个我们共同期待的更美好的中国梦。

（本文为《我是演说家》第一季冠军清华大学学生梁植的演讲稿）

演讲稿2

爱国情，中国心

在世界民族之林中，我们中华民族是最伟大的民族之一。世界上没有一个国家像我们中国一样，有着上下五千年悠久的历史；没有一个国家像我们中国一样，从古至今就有着一脉相传的血统。为什么我们的祖国在历史的长河中，经历了几千年的大风大浪后，依然雄居世界的东方？为什么我们这个古老的民族，至今仍具有盎然的生机和强大的活力呢？这就是因为我们的中华民族有一种巨大的凝聚力和向心力，这就是爱国主义精神，这就是中华民族的不灭之魂。

去年的4月6日，是我终身难忘的日子。北京奥运会火炬在伦敦安全、顺利、成功地完成了传递。80名火炬手把圣火从伦敦西北部的温布利体育馆传至东部的格林威治，跨越伦敦的10个区，途经唐人街、大英博物馆等地，盛况空前。

当时，我非常有幸地在伦敦参加了奥运圣火传递的活动，我和在英国的华人和留英中国学生用最大的热情欢迎着、分享着北京奥运会圣火带来的荣耀和激情，强烈地感受到了奥林匹克精神与中华民族凝聚力的巨大感召力。

在特拉法尔加广场，爱国的华人和留学生们高唱国歌，用坦荡和理智的方式对抗着"藏独"分子无耻的言行，让对方的鼓噪变得苍白无力，徒劳无功。在圣火传递的起点和终点，我们举着五星红旗的学生们高喊着"ONE CHINA！ ONE CHINA！"等口号。整个传递过程中，我听到的是一声声热情的欢呼，我看到的是一张张激动的面孔，我感受到的是一颗颗忠诚的爱国之心。

尤其让我为之动容的是，有些同学们追随着火炬，挥动着国旗，来不及擦去脸上的汗水，一路为圣火护跑。我知道，他们中多数人来自不同的城市，是从300公里、700公里甚至1000公里之外赶来，有些人在凌晨1点就汇聚到起跑点守候，寒夜星空之下，几乎彻夜未眠。大家都是为了一个共同信念，为圣火护航，为中国加油！

事后，我的一个英国同学带着羡慕的口气说："你们中国人的祖国感和使命感是那样的亲切和真挚，好像整个中国都属于你们自己。"这句话说对了。在我们中国人的信念中，"国"与"家"是密不可分的。爱国犹如爱家，爱国胜于爱家。"以天下为己任"的这种传统感情，传统信念，已经融化在中华子孙的血液里了，正如《我的中国心》这首歌中所唱到的，"流在心里的血，澎湃着中华的声音"，中华儿女对祖国的赤子之心，爱国之情，报国之志，效国之行是任何力量也动摇不了的。

我是2002年到英国留学的，在这7年里，我曾获得一次全英物理奥林匹克竞赛银奖，并连续两年获全英数学竞赛金奖。在英国的哥登斯贵族学校，别人要用3年才能完成的高中学业，我仅用两年的时间就以优异的成绩毕业了，赢得了学校老师和同学们的高度评价。

在这7年里，我无时不在思念自己的祖国，我更以自己是一个中国人而感到自豪和骄傲！我自豪，是因为我可爱的祖国繁荣富强，在国际上的地位日益提高，影响日益扩大；我骄傲，是因为我们的国家正在构建和谐社会，人民的幸福指数不断提升。

爱国心是最美好的心灵，爱国情是最崇高的感情，爱国是我们每一个炎黄子孙最神圣的使命。我虽然还要继续在英国读研，但我的心早已经回到了祖国，回到了和谐幸福的中国。因为我知道，中国的强盛，就在于我们青年人的强盛。青年强则国强，青年进步则国进步，青年雄于地球，则国雄于地球！这就是我的中国情，这就是我的中国心！谢谢！

（本文为2009年全国大学生演讲大赛中一等奖获得者伦敦经济学院周知北的演讲稿）

六、请从下面题目中任选一个，并根据所选题目写一篇完整的演讲稿。

1. 用青春吹起奋斗的号角。

2. 青春的使命。

3. 传承信仰，扛起担当。

4. 莫以金牌论英雄。

第六章
即兴演讲训练

课前导学

1. 了解即兴演讲的含义和特点。
2. 掌握即兴演讲的技巧。
3. 能够按照要求进行三至五分钟的即兴演讲。

导 语

你是不是有这样的困扰：在集体活动中被突然点名发言时语无伦次，舌头像打了结一样；在电梯遇到老师和同学，不敢说话，也不知道该说什么，事后懊悔错失交流良机。每当这种时候，大家都佩服那些说话有条有理，一开口就能抓住全场目光的人。如何在各种场合游刃有余地表达？如何通过讲话影响他人？这就需要学习即兴演讲的技巧。

第一节　即兴演讲概说

古希腊智者和修辞学家阿尔基达玛曾说："当场发言是必要的，不管是致辞、法庭申辩，还是参加私人聚会……那些受人尊重，能够即兴演讲的人，仿佛拥有神祇的智慧。"但是出色的即兴演讲能力并非天赋使然。英国前首相丘吉尔在职业生涯初期有一个在英国议会发表自己观点的机会，可当他站在议会厅前时，竟然感觉大脑一片空白，什么也想不起来了。他默默地站在那里直到自己无法忍受，回到座位后，把头埋在了手里……后来，丘吉尔通过不断的练习，成为了一名雄辩的演讲家。可见，即兴演讲的能力可以通过后天的勤学苦练而习得。

一、即兴演讲的含义

即兴演讲，又称即席演讲或临时演讲，是指在特定的环境和主题的诱发下，演讲者自发或被要求立即进行的演讲。即兴演讲广泛应用于人们的交际中，如集会、讨论、访问、会谈、参观、婚贺丧吊、宴会祝酒、答记者问、谈观后感以及辩论赛场的自由发言等。

与命题演讲相比，即兴演讲使用的范围更广、频率更高，也更能反映演讲者的思维敏捷程度和语言组织能力。

二、即兴演讲的特点

（一）时间的紧迫性

从确定要即兴演讲到真正实施即兴演讲，演讲者往往只有几分钟甚至几秒钟的准备时间。例如在讨论、答记者问等场合，演讲者往往需要在对方话音一落的时候，就立即发表即兴演讲。在这短暂的时间里，演讲者需要就地取材，展开联想，并迅速组织材料。

（二）情景的复杂性

即兴演讲通常是在演讲者毫无准备的情况下进行的即时性演讲。因为演讲者缺乏事先准备，所以可能面临各种各样的情景。演讲者在即兴演讲前可能根本没有留心听众的需求或当时的讲话情景，比如演讲者之前正在和他人相谈甚欢或正在潜心思索其他事情，突然被点名就某人的讲话或某个问题发表看法。又或是演讲者明明知道要讲话，也有了一定准备，可临近讲话时，话题突然改变了或现场突然发生了某些意外事件，而导致不得不转换话题。

面对复杂的情景，演讲者通常只能当场捕捉话题，所以与命题演讲相比，即兴演讲的现场感更鲜明，对演讲者应变能力的挑战也更大。

（三）内容的精炼性

由于即兴演讲时间的紧迫性、情景的复杂性，演讲者很难构思出长篇大论，所以即兴演讲要短小精悍，语言要简洁明了。有经验的演讲者往往会选择一个观点或一件事情来切入。例如瞿秋白针对如何做好北伐战争宣传报道工作发表的即兴演讲只有 26 个字："宣传关键是一个'要'字，鲁智深三拳打死镇关西，拳拳打在要害上。"

小贴士

即兴演讲应该符合以下一般标准：

思维敏捷，反应迅速；

立意明确，内容集中；

条理分明，逻辑严明；

语势连贯，跌宕起伏；

用语规范，贴切易懂；

适切语境，话语得体；

生动优美，诙谐幽默；

把握时机，灵活善变；

言语和谐，语气适宜。

三、即兴演讲应具备的要素

（一）发言要扣题

演讲者要根据参加活动的内容、场合及自己的身份确立自己发言的题目。题目确立后，要围绕主题进行构思。演讲时要紧紧围绕主题，离题万里、天马行空的演讲会引起听众反感，降低演讲者的威信。

（二）内容要新颖

即兴演讲的观点要有见地，最好能使听众有"听君一席话，胜读十年书"的感受。演讲内容要力求创新，论理要深入浅出，启迪听众心灵。尤其是多人演讲时，即便没有新的话题，也不要重复引用别人已讲过的话。

（三）内容分层次

要使即兴演讲围绕主题的主旋律分层次展开，要确定从几个方面剖析、讲几个问题，每个问题要说明几件事，说明一件事要引用什么例子，怎么说才能使演讲引人入胜。经过构思后，要打好腹稿，做到心中有数，临场不乱。

（四）语言要简练

即兴演讲多是在特定场合下进行的，没有人愿意听长篇讲话，因此即兴演讲一定要做到言简意赅。对渲染主题有用的话才说，与主题无关的话坚决不说，切忌拖泥带水、画蛇添足。

（五）表达要准确

即兴演讲的表达一定要准确。其表达的结果应该符合特定目的，契合特定语境。此外表达的方式也要正确，用语要规范、得体，以达到预期效果。

（六）心绪要平静

即兴演讲时，演讲者在面对数以千计的听众，或面临上级领导时，若不能有效控制紧张情绪，往往会出现思维混乱、语无伦次等情况。因此，即兴演讲时，演讲者首先要稳定住自己的情绪。

演讲者平时要有意识培养自己良好的心理素质、健康的心态，提高当众讲话的能力，克服恐惧紧张的心理。即使在即兴演讲过程中出现口误或引起会场骚动等意外情况，演讲者也不要紧张，要学会直面问题，及时订正或补充说明，缓和会场气氛，努力消除可能出现的尴尬局面。

经典赏析

我国著名学者马寅初先生担任北京大学校长期间，受邀参加中文系郭良夫老师的结婚典礼。贺喜的人们发现校长亲临现场，情绪顿时高涨起来，鼓掌欢迎马校长即席致辞。

马寅初先生本来没有想到要讲话，但置身于喜庆的环境里，不好有违众人的意愿，但是，讲什么呢？讲几句场面话吧，马校长没有这个习惯；讲做学问吧，显然不合时宜。突然，他灵机一动，来了个一句话的演讲：我想请新娘放心，因为根据新郎的大名，他就一定是位好丈夫。人们听了马校长的这句话，起初莫名其妙，后来联想新郎的大名，才恍然大悟：良夫，不就是善良美好的丈夫吗？于是大家都开怀大笑起来。

（七）要具备丰富的想象力和联想力

即兴演讲时，演讲者应具备丰富的想象力和联想力，能够由此事物发散思维考虑到另一事物。即从已知的经验、知识出发，运用自己丰富的想象力和联想力使思维超越时空界限，由此及彼，把相似、相反、相矛盾或相关联的事物连接起来，使演讲的内容更加丰富，更加吸引人。

小贴士

三招助力你的即兴演讲

1. 避免无谓的语句

避免"嗯""啊""基本上""你知道""然后"之类的无谓的赘语。这些词容易让人心烦而且没有任何的价值。假如你不知道说什么或者只是有点紧张，为了避免使用这些词，你可以停顿1—2秒钟，思考一下。

2. 不要道歉

不要说"对不起，这个题目我不太了解"或者"对不起，我并不想说刚才的那些话"。在台上道歉就是浪费听众宝贵的时间，而且也没礼貌。在日常生活中道歉是礼貌的标志，但是在即兴演讲中，你必须忘掉"对不起"这个词。永远不要因为对某个话题不够了解而道歉，如果你不够资格谈论这个话题，那听众为什么要听你的呢？

即兴演讲不可能挑不出毛病。假如你讲得结结巴巴，或者说了本来不想说的话，没关系，继续说下去就是了。

3. 把故事缩短

用故事来回答问题是很有效的，不过即兴作答的故事要尽量缩短。假如一个故事里有好几件事情，那么只要留下最重要的那个就好了。假如这个故事需要几个不同的角色才能把意思表达清楚，那么角色最多不要超过三个。人物对话要尽可能缩短。通过压缩事件、对话、人物，把原来需要10分钟的故事压缩到2分钟，仍然可以把意思表达清楚。

（来自：鲁佳演说公众号。）

第二节 即兴演讲技巧

即兴演讲的关键是掌握快速思维的方法，快速找到话题、快速组织材料、快速构思成篇。在这个过程中，掌握一定的技巧可以帮助我们更好地应对即兴演讲。

一、话题选择技巧

即兴演讲需要演讲者临场发挥，由于时间紧迫，演讲者首先需要快速找到合适的话题。有经验的演讲者一般会从现场中找出最容易触发情感的一点作为话题。一般来说，演讲现场可以利用的点主要有以下几个方面。

（一）以"时"为话题

当即兴演讲在节假日、周年纪念等具有特殊意义的时间进行时，演讲者就可以利用该特定时间作为话题展开演讲。

例如：

一位学生干部在纪念"九一八"主题班会上发表的即兴演讲：

89年前的今天，是个历史性的日子。1931年9月18日，日本关东军自行炸毁沈阳北郊柳条湖附近一段路轨，反诬中国军队所为。"九一八"事变，是日本帝国主义侵华的开端。此后14年间，大片国土沦陷，3500万同胞伤亡。作为中华儿女，我们深知如今的幸福生活来之不易，故应牢记历史，勿忘国殇，吾辈自强！

（二）以"地"为话题

特定的演讲地点往往能引起难以忘怀的人生记忆，激起人们内心的情感，演讲者利用这一地点引出话题，可以很好地吸引听众的注意力，唤起听众的共鸣。

例如：

乔布斯于2005年6月2日在美国斯坦福大学毕业典礼上的演讲：

今天与你们一起参加世界上最好的大学之一的毕业典礼，我深感荣幸。我没有从大学毕业。说实话，这是我离"大学毕业"最近的一次。今天我想向你们讲述我生活中的三个故事。就是这样，不是什么大不了的事情，只是三个故事而已。

（三）以"人"为话题

在演讲中，演讲者也可以利用自己或听众的职业、籍贯、爱好等作为切入点引入话题。通常情况下，当演讲者以听众为话题时，演讲者与听众之间的心理距离会被迅速拉近，演讲现场也较容易营造出互动的气氛。

例如:

在一场安全主题演讲比赛中,一篇题为《守护生命 天下同责》的演讲,开篇是这样的:不是每朵鲜花都能代表爱情,但是玫瑰做到了;不是每棵树都耐得住干旱,但是白杨做到了;不是每一个人都在守护安全,但是在座的各位——你们做到了。所以,请允许我向重视安全的各位领导、各位评委、各位嘉宾问个好,谢谢你们听我讲。

(四)以"事"为话题

在即兴演讲中,演讲者以自身刚刚经历的某件事情或近期发生的社会热点新闻事件为话题也是不错的选择。不过以"事"为话题需要格外注意的是,这个事件一定要与即兴演讲的主题有相关性,否则会有"跑题"的嫌疑,容易分散听众的注意力。

例如:

一篇题为《百年荣耀铸党魂 万古长青永相随》的演讲,开篇是这样的:

时光荏苒,岁月如歌。一百年前,在浙江嘉兴南湖的一艘红船上,中国共产党的梦想扬帆起航。一百年后,在中国神州大地的每一个角落里,中华民族挺起了傲人的脊梁。从此,中华民族伟大复兴的航向有了无限光明的锦绣前程。

(五)以"物"为话题

在演讲现场,有时一件物品会一下子吸引演讲者甚至听众的注意力,那么这件物品就可以立即成为一个吸引人的话题,演讲者可利用其展开演讲。

例如:

某著名作家参加了巴黎市栽种"自由之树"的仪式,仪式中被邀发表了呼吁自由、和平的演讲:

"这棵树作为自由的象征是多么恰如其分和美好呀!正像树木扎根于大地之心,自由是扎根在人民心中的;像树木一样,自由长青不枯,让人们世世代代享受它的荫蔽。"

(六)以"言"为话题

在座谈会、研讨会等会议场合,有时我们会被主持人点名进行发言,或者当别人侃侃而谈时,我们也会深受感染,产生主动发言的兴致。对于这种即兴发言,一个很简单的办法就是从别人的发言中捕捉话题,然后加以引申和发挥,比如可以谈谈你从前面某个人或某几个人的发言中受到哪些启发,并以此来谈谈自己的感受;也可以利用其他人的发言观点,转换角度重新加以阐释。

例如:

某位教师在一次教学研讨会上的发言:

"刘老师刚刚的发言让我很受启发。我十分赞同他的观点'有效教学是互动的教学'。我们的课堂要'动'起来,课堂教学既包含'教',更蕴含'学',教学是否有效很大程度上取决于学生的'学'……"

二、组织材料技巧

即兴演讲时，主题确定后就需要快速选材并组织材料。即兴演讲的内容要具备精炼性，因此选材要做到少而精，从切题、典型、新颖等方面考虑材料取舍。下面介绍几种常用的组织材料技巧。

（一）巧用比喻

恰当地使用比喻可以使演讲内容更加形象生动，也更容易使复杂的问题为听众所理解。例如：

1966 年，现代著名文学家林语堂从美国返回台湾定居。同年 6 月，台北某学院举行毕业典礼，特邀林语堂参加，并请他即席演讲。在林语堂演讲之前，有几位颇有身份的演讲者，发表了冗长、乏味的演讲，令台下听众昏昏欲睡。

林语堂发言时，他抬腕看了看表，已是 11 点半了，他快步走上讲台，仅说了一句话："绅士的演讲，应该像女士穿的迷你裙，长度适当才好。"然后就结束了演讲。林语堂的演讲考虑了听众的情绪以及时间的因素，言简意赅地点出了鲜明的主题。

（二）巧用对比

在即兴演讲中恰当地运用对比，不仅可以使观点或形象更加鲜明，还可以增强演讲的感染力，给人以深刻的印象。

例如：

某大学邀请一位老教授作关于演讲技巧的报告，当时校园里正同时举行青年歌手大奖赛。老教授走上讲台，发现台下虽有空位，但走廊上却站着不少学生，可见这是心中犹豫不决的听众，他决定要争取这部分人。

他放弃了原来的开场白，而是这样讲道："同学们，今天首先是你们鼓舞了我，你们放弃了青年歌手大奖赛，来这里听我演讲，这说明你们严肃地作了选择，在说的与唱的之间，一般人选择唱的，而你们却选择了说的；在年轻小伙子、姑娘和老头子之间，一般人选择小伙子和姑娘，而你们却选择了我这半老头子。这说明你们认定说的比唱的好听，老头子比年轻人更有魅力，这使我产生了一种返老还童之感。"

（三）巧用数字

1.在即兴演讲中恰当地运用数字可以增强说服力，使演讲更加精辟。

例如：

有位演讲者是这么用数字的：

"据有关专家预测，我国土地资源最多能载 9.5 亿人，如今我国已有 14 亿人口，这 14 亿张嘴并在一起就有 3 平方多公里；一年喝掉的酒能装满一个半杭州西湖；一天抽的烟排列起来相当于我国东西长 3 个来回；一天吃的粮食能装 7 万辆大卡车。"

这位演讲者为了说明 14 亿人口的消耗，用了 4 组数字给听众留下了深刻的印象。

2. 在即兴演讲中巧妙地运用数字可以增强演讲的逻辑性，使演讲更加清晰。

例如：

一位求职者在应聘教师岗位时，面试官请她简要介绍她的性格特点，她回答："我是一个有'三心二意'的人。我说的'三心'呢，是耐心、爱心和责任心；'二意'是一心一意、全心全意……"

（四）巧用故事

在即兴演讲中巧妙地利用一些故事、笑话、趣闻等，既可以使表达具体生动，又可以活跃现场气氛，调动听众情绪。

例如：

我想先问大家两个问题，什么是精神？什么是中国精神？

我记得在 2001 年 7 月 13 日北京时间 22 点整，国际奥组委宣布了 2008 年夏季奥运会的举办城市是中国北京，我清楚地记得在那一刻所有代表团的成员泣不成声，他们相互拥抱欢呼雀跃，相信每一个中国人今天再看到这一幕的时候还是会潸然泪下。没错，我们都经历过这一刻。

那一天，那一夜的不眠，举国上下一片红色的海洋，中国力量在那一刻像原子弹爆发般地喷射到世界各地，而那个时候，我才七岁，怎么也没有想到八年之后我自己竟然离奥林匹克这么近。

2008 年，我站在了残奥会开幕式的舞台上，和来自全国的 320 名聋哑女孩一起用手语演绎了舞蹈《星星你好》，我们当时站在鸟巢的中间，每个人都穿着一身白色蓬蓬连衣裙，仰望着星空，我们在用手语跟星星说话，非常非常唯美，就像大家现在看到的这样。

就为了开幕式那一晚的呈现，我们在北京进行了三个月的封闭训练，在这三个月里面每一天都交织着汗水、泪水和感动。有那么一天在我的脑海中永生难忘，这一天是 2008年 9 月 4 日，是北京残奥会开幕式的最后一次带观众彩排，这次彩排就决定了我们这个节目到底能不能最终呈现在世界的面前。所以，每一个人的压力都不言而喻，也正是这一天我知道了什么叫做精神。

……

（摘自《超级演说家》曹青莞演讲稿：《中国精神》）

👥 三、构思成篇技巧

在即兴演讲的现场环境中，演讲者确定话题后往往会展开联想，在脑海中搜索各种相关素材，但如何将这些素材按照一定逻辑有序地展现出来，并且表达得有说服力、有感染力，这就需要演讲者利用有限的时间快速构思成篇。下面就介绍几种实用的构思成篇技巧。

（一）卡耐基"魔术公式"

卡耐基"魔术公式"是一个符合心理学法则，也能引导人们行动的说话结构。这个公式诞生以后很快风靡全世界，非常适合当今人们快节奏的生活方式。听众都希望利用最短的时间获得最多的信息，他们希望演讲者以直率的语言，一针见血地说出要说的话。利用"魔术公式"可以通过具体案例吸引听众的注意，并可将焦点直接对准自己的观点，进而产生对听众的思想乃至行为的影响。

卡耐基"魔术公式"具体内容如下：

第一步，描述实例的细节，生动地说明你希望传达给听众的意念。

第二步，详细而清晰地表达你的观点，确切地说出你想让听众做什么。

第三步，陈述理由，向听众强调，如果按照你所说的去做，他们会得到什么好处。

（二）理查德"四步曲模式"

美国演讲专家理查德总结了即兴演讲的"四步曲模式"。

第一步，"喂，喂！"提示演讲者首先要呼唤起听众的兴趣。

理查德说："不要平铺直叙地开始演讲：'今天，我要讲的内容是保障行人生命安全……'你最好这样开头：'在上星期四，特购的450具晶莹闪亮的棺材已运到了我们的城市……'"理查德设计的这一开头语虽然不符合我们中国人的忌讳心理，但它无疑具有一种先声夺人的气势，它能激听众之疑，使他们很想弄清事情的究竟。

第二步，"为什么要浪费这个口舌"，即向听众讲明为什么应该听你演讲。

理查德说，接下去你应向听众讲明为什么应当听你演讲。若谈交通安全问题，可这样讲："不讲交通安全，那订购的450具棺材也许在等待着我，等待着你，等待着我们的亲人。"理查德所讲述的"为什么"既联系着"我"（演讲者），也联系着"你"（听讲者），还联系着场外与你我有关系的千千万万的"亲人"，这就使所有的与会者不知不觉地成了他的"俘虏"，在心理上与他产生了共鸣。

第三步，"举例"，讲述生动的事例总是比阐述理论更有吸引力。

理查德指出，比如谈交通安全问题，你若用活生生的事例来说明那些会使人们送命的潜在因素，远比只讲那些干巴巴的法律条文要好得多。事实上，演讲的传播媒介主要是口语，辅之以态势语。与书面语相比，口语和态势语在传达事例方面比传达条文方面更具有优势。特别是即兴演讲，我们更要注意在这方面扬长避短。

第四步，"怎么办"，告诉听众你想让他们做些什么，这里需要讲得生动、具体且实际。

理查德要求演讲者注意的是，这一步一定要告诉听众你谈了老半天是想让人家做些什么，最好能讲得生动一点、具体一点、实际一点。从根本上说，"怎么办"是演讲者的目的所在，如果演讲者忘记了这一步，或者这一步处理不好，就会给听众留下无的放矢或不知所云的感觉。

理查德认为"为什么"和"举例"这两部分如同馅饼里的馅，味道全在这里面，但这两部分仍要与开头的"喂，喂！"和结尾的"怎么办"相呼应。

（三）"三么"框架构思模式

"三么"，即"是什么""为什么""做什么"。演讲者在开始即兴演讲前可以围绕主题，利用有限的时间快速思考这三个最基本的问题。需要注意的是，"三么"框架只是演讲前和演讲中可以利用的思维模式，而不是口语表达模式，有经验的演讲者在表达时往往都不露"三么"的痕迹。

例如：

今天，我要讲的问题是交通安全问题。我们要保障交通安全，减少交通事故。

交通安全很重要，它关系到人民生命财产的安全。这不是一个可讲可不讲的问题……

造成交通事故的原因有以下几点：第一……第二……第三……

为了减少交通事故，我们应注意：第一……第二……第三……

点评：

这段关于注意交通安全的即兴演讲运用了"三么"框架构思模式，但未露"三么"的痕迹。首先，"今天，我要讲的问题是交通安全问题"直接阐明了"是什么"。然后具体说明"为什么"，即"交通安全很重要，它关系到人民生命财产的安全。这不是一个可讲可不讲的问题……"最后讲"做什么"，即"为了减少交通事故，我们应注意：第一……第二……第三……"这一段。

（四）"三点"归纳构思模式

"三点"归纳构思模式适用于做总结性的即兴演讲。所谓的"三点"是指要点、特点和闪光点。演讲者在进行总结性即兴演讲时，一般需要归纳前面讲话人的要点，提取前面某个人或某些人讲话的特点，捕捉前面某个人或某些人讲话的闪光点。

值得注意的是：在运用"三点"归纳构思模式时，一般总结性即兴演讲可综合运用"三点"，而中场性即兴演讲，可选用其中某一点（特点或闪光点）。

经典赏析

说到师德，许多选手都引用了一个传统的比喻：教师像蜡烛一样，照亮了别人，燃烧了自己。这种崇尚奉献的"蜡烛精神"固然可贵，但如果我们当老师的都把自己烧尽了，毁灭了，何以继续照亮别人呢？新世纪的教育不仅需要"蜡烛精神"，更是呼唤"路灯精神"：像路灯一样不断"充电"，给每一个黑夜带来光明；像路灯一样忠于职守，见多识广；像路灯一样不图名利……

点评：

这段关于师德的即兴演讲属于中场性即兴演讲，演讲者提取了选手们发言的特点，即"说到师德，许多选手都引用了一个传统的比喻：教师像蜡烛一样，照亮了别人，燃烧了自己"，然后基于这一特点提出自己的观点"新世纪的教育不仅需要'蜡烛精神'，更是呼唤'路灯精神'"。

> **小贴士** ☺
>
> 　　戴维·卡耐基在《口才训练妙诀》一书中介绍了两种即兴演讲的训练方法：
>
> 　　第一种，是道格拉斯、卓别林、玛丽福特三人每天晚上玩的说话游戏。道格拉斯是这样描述游戏方法的：我们三个人各取一张纸条，在每一张纸条上书写一个说话题目，然后把纸条叠起来，三个人轮流抽取，抽到什么题目，就立即针对那个题目发表1分钟的演说。两年中，我们从没有重复过相同的题目。一天晚上，我必须针对"灯罩"这个题目发表1分钟的即兴演说。如果你认为这个问题很简单，不妨试试看，我可是好不容易才把这1分钟打发过去。
>
> 　　第二种，是连缀技巧的游戏。卡耐基认为这是一个具有刺激性的方法。当一个学员被要求尽量以幻想的形式来说话时，他发表了如下的演说："前几天，当我驾驶直升飞机时，发现了一群飞碟向我靠近。我正想降落时，一架最靠近我的飞碟对我开炮射击，但是我就……"铃声响了，时间已到，下一位学员接着这个话题往下说，如此循环下去。
>
> 　　这种在毫无心理准备的状态下来训练演说的方法非常有效，经过这样的训练之后，一旦遇到需要即兴演讲的场合，你也能将这种能力充分发挥，达到你所期望的甚至是意想不到的效果。

拓展与应用

一、散点连缀法训练

请将几个表面上看似没有关联的，甚至毫不相干的景物、词语，通过一定的语言表达方式，巧妙地连缀起来，组合成一段话，表达一个完整的意思。

例如：同学、咖啡、遭遇

在一次同学聚会上，我们几个老同学聚在一起聊天，主人问我喝什么饮料，我说来杯咖啡吧，咖啡加点糖，甜中有苦，苦中有甜，二者混在一起有股令人回味无穷的滋味，我想这正好与我们这代人的经历遭遇相似。分别几年了，我们都已经走向了不同的岗位，回想起来，真是有苦有甜啊！

1. 李白、打雷、口才、博主
2. 黄河、水瓶、针灸、窑洞

3. 冠军、信封、美颜、瀑布

4. 口罩、天空、快递、外星人

二、主题提炼能力训练

即兴演讲时演讲者要临场引发、及时提炼出新颖、典型或深刻的主题。锻炼主题提炼能力首先要提高和强化自己的联想能力。

1. 中国是一个爱诗的国度，中国人是一个爱诗的民族。我们从祖先三千多年前留下来的《诗经》里，依然可以找到今天我们所渴望的生活的样子。

青青子衿，悠悠我心，那是一份相思；

执子之手，与子偕老，那是一份承诺；

如切如磋，如琢如磨，那是一份修为；

靡不有初，鲜克有终，那是一份告诫。

这世世代代相传的精神财富，早已融入了我们的血脉里，塑造着我们的容貌，淬炼着我们的思想，那今天就让我们继续在《中国诗词大会》的舞台上，去追寻这些民族的文化基因，去拥抱那最美的诗和远方。

即兴演讲主题：_____

2. 哈佛大学的心理学家艾伦·朗格教授今年63岁，酷爱打网球，年轻的时候，曾经摔断了脚踝，医生说她再也不能打网球了。但现在她双腿健康，仍然在打网球。

她有一篇文章，题目叫做《专注力，是与岁月对抗的力量》。她集30年的研究与实践创造了"可能性心理学"。其研究假设是：我们不知道自己能做什么，或者能变成什么，一切皆有可能。为此，朗格教授和学生搭建了一个"时空胶囊"，把这里布置得与20年前一模一样。然后邀请16位七八十岁的老人，8人一组，分成"实验组"和"控制组"，让他们在"时空胶囊"生活一个星期。

七天里，老人们都沉浸在20年前的环境里，他们都被要求更加积极地生活，没有人帮助他们穿衣服或搀扶他们走路。唯一的区别是，实验组的老人言行举止，必须"活"在20年前，而控制组的老人是用怀旧的方式，谈论和回忆20年前发生的事情。实验的结果是，因为实验点"年轻"的环境，两组老人的身体素质都有了明显改善。实验前，他们几乎都是家人陪着来的，老态龙钟、步履蹒跚。一周后，他们的视力、听力、记忆力都有了明显的提高，血压降低了，步态、体力都有了明显改善。控制组的老人虽然身体有所改善，但由于是采用回忆的方式，所以在心理上仍然认为自己是老年人，只不过触景生情，生出了年轻的活力而已。相比之下，实验组，也就是那些"活"在20年前的老人们进步更加惊人，他们手脚更加敏捷，在智力测验中得分更高。

即兴演讲主题：_____

3. 如果存在幸福公式，这个公式会是什么样子？为了找到这个问题的答案，从20世纪30年代开始，哈佛大学的研究者对268名男子进行了长达72年的跟踪调查，从他们进入大学，到服兵役，成家立业，生育子女，一直到退休终老。这项研究堪称历史上持续时间最长、研究范围最全面的社会科学实验。

最近，已经 82 岁高龄的韦兰特总结了 50 年的研究，并写成《成功的经历：格兰特研究中的男人》一书。他认为自己已经找到预测幸福（心理和身体上）的七大因素。除了成熟的心理防御机制外，其他因素还包括：教育、稳定的婚姻、不吸烟、不酗酒、适当运动、健康的体重。

即兴演讲主题：＿＿＿＿＿＿＿＿＿＿＿＿＿＿＿＿

4.请仔细观察下列图片，然后根据图片中的场景确定即兴演讲的话题，并进行 1 分钟即兴演讲。

（1）

即兴演讲主题：＿＿＿＿＿＿＿＿＿＿＿＿＿＿＿＿

（2）

即兴演讲主题：＿＿＿＿＿＿＿＿＿＿＿＿＿＿＿＿

三、选择素材能力训练

在即兴演讲中，演讲者很难全面清晰地记清所选材料的原文，运用材料时常采用"记得××说过""曾在××书上读到过"或"根据××机构的统计"；等等。因此在积累和记忆了大量素材的基础上，还要学会快速摘取与演讲主题相关的材料。

下面是 2019 年央视主持人大赛选手即兴文稿，请从下列文稿中摘录出你认为有价值的内容：

作为主持人，更应该言之有物 VS 作为主持人，更应该言之有理

白影（作为主持人，更应该言之有物）：

作为主持人更应该言之有理，还是言之有物？我想二者都很重要，但是物比理更重要。因为物是理的基础，理来自于某一样事物。这不是谁告诉我的道理，这是我通过多年的实践得出来的经验。《主持人大赛》进行到现在，每一次我们都会带出一个鲜活的故事给大家，在七年的主持经历当中，我的追求是能够把那些采访当中看到的人、遇到的梦想、感受到的力量说给大家听，让大家自己去感受。

我相信，道理就像城市当中的高楼大厦一样，是冰冰冷冷的，是整整齐齐的，但是一个个鲜活的故事就像我们从早市上买回来的那条扑腾扑腾着的活鱼，还像一捆小青菜，上面还有着露珠，你有一百种烹饪它的方法。

邹韵（作为主持人，更应该言之有理）：

著名作家梁晓声曾经说过："我们每一个人都有一个现实家园，唯有书本可以构建一个精神家园。"在我看来，一个主持人，一个优秀的主持人更应该构建一个丰富的、深邃的精神家园，在这个精神家园中，物不是唯一的也不是最重要的，理反而是更加重要的一个部分。为什么？因为主持人，不仅仅是一个简单的新闻事件的观察者，也不仅仅是一个时代的记录者。

主持人，尤其是好的主持人，一定要懂得收集事实，一定要懂得讲出这个故事背后的道理、内涵和一些更加深邃的东西。在传播学里面有这样一句话："新闻是历史的第一卷手稿。"我想，在这个手稿里面，事实的部分可以交给记者和其他的人来处理，而在理的部分应该由主持人来升华，因为这样才可以让这个厚厚的书更加深邃、更加丰富、更加耐人寻味。

白影（作为主持人，更应该言之有物）：

我也想和大家分享一句话："有的人知道那么多道理，但是依然过不好这一生。"为什么？和大家分享一段经历。2017 年我主持杭州市道德模范的颁奖典礼，有一位 86 岁高龄的老人家，他叫王坤森，他依靠捡垃圾资助了贫困大学生完成学业。我在台下跟他沟通，我说：老爷子，每个人都得上台发言啊，您需要告诉我您为什么要做这件事情？做这件事情的过程中，您遇到了哪些困难？老爷子说：唉，我真不想去炫耀什么，这就是我应该做的。

直到一位导演站了出来跟他说了一番话，他说：王爷爷，您看今天现场有一千名观众，每个人拿出一块钱就有一千块钱，这些钱可以给这些大学生们。您想想，通过电视转播，还会有上万的观众都能够看到我们的节目，这能够帮助到多少人啊。王爷爷特别激动，在台上抢过我的话筒说：年轻人，你们要加油，祖国的未来是你们的，你们是祖国的希望。

我当时特别感动，我认为这就是言之有物的道理。我们希望能够用一个故事去脉动一群人的心、集合一群人的心，去做一件对社会、对国家有价值的事情。

四、构思成篇能力训练

在即兴演讲前紧张的选材构思中，人的头脑中往往会出现许多散乱的信息，演讲时需要围绕一个演讲主题将这些信息有序地整合起来，本章中我们学习的卡耐基"魔术公式"、理查德"四步曲模式""三么"框架构思模式和"三点"归纳构思模式都将帮助我们快速构思成篇。

1. 请认真阅读和分析以下几段即兴演讲的内容，然后尝试利用本章所学的构思成篇技巧重新组织材料，并进行即兴演讲。

（1）人生处处是考场

生活中处处有考场，我面对的是一道道考题："正义与邪恶""金钱与仁义""对与错"……那我有没有解答好人生的考题呢？

当成功摆在我面前时，我激动、兴奋，甚至洋洋得意，好像自己得到了整个世界，做事不再那么认真，听讲不再那么专心，做作业不再那么一丝不苟……

没过多久，成功和我摇手再见，失败向我张牙舞爪走来。我泪流满面，依依不舍和成功分了手，后悔、无奈占据了整个思想，但却无法改变现实，哭过了，才明白——哦，原来这是一场考试。考题是："骄傲"和"谦虚"，而我选择了"骄傲"，掉入了万丈深渊……

当失败来到我面前时，我恨老天待我不公，从此萎靡不振，垂头丧气，做事随便应付了事，破罐破摔……朋友的劝告，家长的教导，老师的期望都无法把我拉回自信的蓝天。然而，我真的失败了，而且败得很狼狈，很狼狈……我又错过了一道人生的考题。

经过了两次的教训，我谨慎做着每一件事，解答着每一道考题。

后来，我被别人误解，我明白，这肯定又是人生的一道考题，所以我要勇敢，要想办法用事实证明我的清白，不做别人的"替罪羊"。结果，我胜利了，不但证明了自己的清白，还成功地面对了这一道考题。

朋友，人生之路，漫长坎坷。人生的考题一道连着一道，让我们解答好人生的考题，在解答中领悟人生的真谛。

（2）感恩，是爱的源泉

没有感恩的思想，善念、包容和快乐都将是空中楼阁，无从谈起；感恩，是一种积极有益的生活态度！我们在集体中生活，就必须遵循一定的社会准则，不能够只顾自己的利益而为所欲为，妨碍他人。人的期望值和现实之间存在一定的差距是正常的。可在差距面前，有的人就有了"人生在世，不如意事常八九"的感慨。

其实，一些挫折是对个体适应集体生活的有效调控，对个体的成长有益；如果不能正确理解挫折，总是耿耿于怀不能释然，内心燃烧着不平的火焰，则势必心灵扭曲，言行失控，甚至酿成不可收拾的后果。反之，拥有一颗感恩的心，感恩所得、感恩挫折，生活中就会少一些怨气和烦恼，心灵也会获得宁静和安详。一颗宁静的心会感受到平凡中的美丽，善于发现世界的美好，这样，快乐也就不请自来。

因为感恩，我们幸福而快乐，内心充满了爱；因为感恩，我们真诚地用爱回馈他人和社会。而爱的施与永远是双向的，当我们乐于奉献，善待他人的时候，社会也同样善待着我们。当我们前行的路上，遇到不如意或者挫折的时候，就请你抬头看一下吧！那蔚蓝天空中的一缕暖阳，是那么的明媚，照耀我们的心田……

2. 每五名同学组成一组，每组从下列主题中任选一项，小组成员根据所选主题每人提供一个论点和相应的论据，然后每名同学根据小组成员提供的信息利用已学的构思成篇技巧迅速组织相关材料，发表不少于2分钟的即兴演讲。

（1）如今处于信息大爆炸时代，要学的知识太多，然而又出现了越学越焦虑的现象，你如何看待这种现象？

（2）有人说表面上看，是行动力拉开人与人之间的差距，但这个"行动力"其实是由认知水平决定的。你怎么看？

五、即兴演讲综合训练

在进行即兴演讲综合训练时，首先请同学们进行分组，每五人一组，并选出一名组长。接下来的训练均以小组为单位进行。

围绕"吾辈当自强"这个主题，每人先说一个观点，然后再分别对小组内其他成员的观点进行评说，每人发表看法的时间不少于2分钟。

即兴演讲评分表

演讲者姓名					
即兴演讲题目					
仪表（10分）					
肢体语言运用（10分）					
语言规范（20分）					
演讲主题突出（30分）					
内容生动富有感染力（20分）					
总分					

个人总结

审题：

演讲内容及结构：

对听众心理的了解：

技巧的运用及把握：

存在不足及改进方案：

附："全国大学生党史知识竞答大会"冠军选手路阔的即兴演讲

大家好，我叫路阔，是一名博士研究生。这个"七一"，我们将迎来期待已久，永载史册的伟大时刻，这就是党的百年华诞，就是第一个一百年奋斗目标的胜利实现。

站在"两个一百年"历史交汇点，回望过往奋斗路，历史苦难辉煌，我辈当自强。一百年来，一代代共产党人，为了自己心中的初心和理想，抛头颅，洒热血；我们用奋斗，以青春之我，创青春之中国。

站在"两个一百年"历史交汇点，凝望脚下奋战路，使命落在肩上，我辈当自强。当前国际形势纷繁复杂，科技竞争日趋激烈。我们必须把关键技术的核心命门，牢牢把握在自己的手中。使命在肩，奋斗有我。

2018年、2019年，我连续两年担任参赛队队长，带队代表中国赴埃及参加"国际无人系统创新挑战赛"，以绝对的优势击败数十支外国代表队，蝉联两次冠军，让五星红旗骄傲地飘扬在赛场高空。我们受到埃及国防部长、中国驻埃及大使等领导接见。去年，我研制成功一款具有独立自主知识产权的微陀螺仪，填补了我国高性能微惯性器件的空白，打破了国外技术封锁，性能世界领先。因此，我荣获中国青少年科技创新奖。

站在"两个一百年"历史交汇点，眺望前方奋进路，我辈当自强。2035（年）、2045（年）是习主席为我们规划的复兴节点，也必将是我们这一代人的生命印记。作为一名奋战在建设世界一流军队伟大征程中的共和国军人，明年我将完成博士学业，奔赴工作岗位，到祖国最需要的地方去，献身国防，矢志强军。请人民放心，请祖国检阅！（敬礼）

第七章
社交口才训练

课前导学

1. 了解社交口才的含义及重要性。
2. 掌握基本的社交技巧。
3. 具备一定的社会交往和沟通能力。

导 语

"每次我想更懂你，我们却更有距离，是不是都用错言语，也用错了表情？"你是否也有过这样的困惑，很多时候想要表达的意思与说出来的意思，截然相反，最后事与愿违，还把人与人之间的关系闹得更僵。其实，之所以会这样，不是因为我们不懂人情世故，而是不懂社交语言。

社交口才是培养社交能力的重要一环，是最为神奇的公关密码。社交一方面是为了展现自我，建立社交地位；另一方面也是通过语言了解他人，获取社交信息。

第一节　社交口才概说

一、社交口才的含义

社交口才是人与人之间在社会交往活动中，用准确、生动、形象的语言表达自己的思想、意愿和情感的一种能力或才能。社交能力的核心就是口才。社交口才是一种技能、一种艺术，是一个人在社会交往活动中口语表达能力的表现。

古人云：美言可以入市。说话是技能，掌握这项技能可以建立自信，也可以事半功倍。一个人如果缺乏与他人交谈的基本能力，就很难适应社会，也很难取得成功。

二、社交口才的重要性

（一）社交口才是事业成功的奠基石

美国著名学者卡耐基说："一个人的成功，有 15% 是由于他的专业技术，剩下的 85% 则要靠人际关系和他的为人处世能力。"一个人社交能力的高低，主要表现为说话水平的高低。有人说，是人才未必有口才，而有口才者大多是人才，此言极是。好口才是社交场合上立足制胜的最有力的法宝。练就好口才，会使你在社会交往中如虎添翼。

（二）社交口才是人际关系的润滑剂

口语交流是人际沟通中最常用的工具，是维系社交关系的重要纽带。具有良好社交口才的人，往往具有很强的亲和力，很容易就能化解人与人之间的隔阂、消除人与人之间的误会。口才好的人可以使熟人之间的人情更浓，使陌生人发展为朋友，使有意见分歧的人相互理解，使心存怨恨的人友好相处。

三、社交口才的基本要求

在社交活动中，具备一定的社交口才并灵活运用，可以提升个人魅力，使自己成为受欢迎的人。

（一）主动出击

人际交往中主动出击，既有利于提高工作、学习效率，也有利于发挥个人的才能。在单位，下属要积极向领导请示汇报，领导要主动关心下属，体谅属下的困难；在学校，学生主动向老师请教，老师主动了解学生的学习情况；在家里，孩子要主动与父母交流谈心，父母要随时关心孩子的成长。

（二）注意礼貌用语

得体的礼貌用语是个人修养的良好体现，是人与人沟通的良好开端，可以给别人留下良好的印象，为将来进一步交流奠定基础。尤其是初次见面时，第一句话一定要有礼貌，懂得赞美，说话大方得体又不啰唆，给人自然利落又具亲和力的感觉。

见面要寒暄问候，用"您好"等；初次见面时，常用"初次见面，请多关照""久闻您的大名"等；告别时，要用"希望以后能再见面""改日见"等；如果前提离开，要用"很抱歉，先走一步了"等用语。

（三）注意态度

与人交往的时候，态度和蔼，面容和善，措辞平和，多用谦虚的语言，"对不起，让您久等了""打扰了，真不好意思"等，可以赢得对方的好感。恰当地使用肢体语言，可增强言语表达效果，切忌用语动作夸张。

（四）语言简洁

社交场合中，要"说在该说时，止在该止处"。根据不同场合把握言谈的得体度，根据不同对象把握言谈的深浅，根据自己的身份把握言谈的分寸。用语要简洁明了，尽量以最少的话交代清楚想要表达的内容，在别人的注意力发散之前表达完你的想法。在对方发表言论时，不要抢话、随意打断对方，更不要搞"一言堂"，不给他人说话的机会。

（五）音量适当

说话时音量高低要与说话场合相适应，在室外、野外、空旷的地方与人交流时，应提高音量让对方听见；在公众场合或与朋友交谈时，应减小音量，不影响其他人。密友聊天时，声音可以小一些，以拉近两者的距离，表现两者的亲密关系。

（六）社交中的注意事项

一是为人处事礼貌先行，称呼别人也不例外，它是交谈得以顺利进行的重要环节。

二是除非与被称呼者特别熟悉和亲近，一般跟陌生人打招呼，忌用"嗨""哎""喂""嘿"等词。

三是看年龄称呼人，要力求准确，否则会令人不愉快，甚至发生口角或者闹笑话。

四、社交口才的作用

在社会生活中，良好的口语交际是沟通人际感情的桥梁，是维系协调人际关系的纽带。拥有良好的口才，可以使自己说话更具风度，有助于提升个人魅力。良好的口才，可以使人与人之间的隔阂和误会尽快消除。

五、社交的基本礼仪

社会交际场合中，一定要注意礼仪，否则口才再好也会大打折扣。交谈的过程体现着一个人的礼仪修养，得体的交谈不仅是语言的表达，也是礼节的显现。

（一）举止礼仪

在正式的社交活动中，站、坐、走的姿势和手势、微笑等都有严格的规定。

（二）距离礼仪

社交距离的近范围一般体现在工作环境和社交聚会上；社交距离的远范围一般代表了一种更加正式的交往关系。

（三）插话礼仪

社交场合，参加别人正在进行的谈话时要先打招呼，不要随便插入话题。如果必须打断，应适时示意先致歉后插话，不能接过话题就滔滔不绝。插话结束时，要立即告诉对方"请继续讲"，多使用敬语、谦语、雅语。

第二节　拜访、接待和电话沟通的语言艺术

日常生活中，我们经常会拜访或接待长辈、老师、同学等。掌握一定的拜访接待技巧，有利于增强彼此间的了解，有利于沟通信息、增进友谊，使我们在社会交往中轻松自如。

一、拜访的语言技巧

拜访是指为了礼仪或某种目的而进行的访问。不同形式、不同目的的拜访，使用的会话语言各不相同，但他们在结构上存在共性。就日常拜访而言，有进门语、寒暄语、晤谈语和辞别语四个部分。

（一）进门语

首先，拜访的时候要轻轻敲门或短促地按门铃。其次，同主人见面后，应立即打招呼。如"一直想来拜访您，今天终于如愿了！""给您添麻烦了！""对不起，让您久等了！""好久没有来看您了，一直想着。"此外，要注意礼貌。再次，不是特别熟的挚友不可随意调侃，如"我又来了，您不讨厌我吧？"这很唐突，也会使主人感到尴尬。

（二）寒暄语

日本寿险推销专家原一平曾经说过："寒暄是建立人际关系的基石，也是向对方表示关怀的一种行为。寒暄内容与方法得当与否，往往是一个人人际关系好坏的关键，所以要特别重视。"寒暄话题要自然引出，内容要符合情景。天气冷暖、小孩的学习情况、老人的健康以及最近发生的新闻趣事、墙上的挂历、耳际的音乐等都是寒暄的内容。如："今天变天了，外面风真大！""这壁纸不错，画面好像是……"话题符合情景，自然引出。一般而言，社交场合的寒暄需要遵守以下几个原则。

1. 不问年龄

请看下面一段场景：

一次我与一位男同事外出，不经意间他问我："小辛，你多大了？"我真是不愿意说，女人的年龄是秘密嘛。但出于尊重，我只得答道："37。"一会儿他又忘了，又追问了一句。为此我心情很不爽。

2. 不问婚姻

请看下面一段场景：

一天，我的好朋友通知我："今天我请几位同学吃饭，欢迎带家属来。""好，我有事晚到一会儿。"我到了，见到杨同旁边有一位女士，就小声问道："你爱人在什么单位工作？""对不起，我离婚了，她是我的一位同事。"这弄得我很是难堪。

3. 不问收入

请看下面一段对话：

学生："老师，您一个月收入多少？"

老师："在学校，两千多一点。"

学生："不，我说的是收入总额。"

老师："我说的也是收入总额。工资一千八百多，主任津贴一百七，讲课费二百多，总计两千多嘛！"

这时，另一女同学对这位同学小声嘀咕着："探听别人秘密，讨厌。"

4. 不问工作

请看下面一段对话：

女学生："老师，不问年龄、婚姻、收入我明白了。不问工作我理解不了。这有什么呀？"

老师："你看，咱们几个人演示一下吧。你们几个都毕业多年了，这一天来看老师，假如他们都有工作，就你没工作，咱们来模拟一下。"

"呀，请坐，来看老师了，你们都在哪工作啊？"

"我在天一贸易公司。"

"我在新雨股份公司。"

"我在贸易学校当老师。"

"我还没工作呢，最没出息了。"

你看，遇到此情景，你是不是会感到不自在呢？总之，尽量避免提及令别人不悦的话题。如：一群人在一起谈话，你问："你们都是什么学校毕业的？""南开大学。""同济大学。""对不起，我不是大学毕业。"是不是很令人尴尬？

5. 寻找主客共同关心的话题

请看下面一段对话：

客：这副对联是你自己写的吗？写的真不错。

主：你过奖了。我不过是跟王田老师学过一段时间。

客：呀，你也是王田老师的学生呀，我也跟他学习过。

主：太好了！看来我们应该称师兄弟了。

这段寒暄，话不多，但贵在求同，一下子缩短了双方的心理距离。

6. 真诚赞美

赞美之言谁都会说，但真正有价值的赞美，不在于赞美本身，而在于赞美对方身上的某一特质，从而让人感受到真诚。举例来说，如果对方是女生，今天换了一种妆容，见到她时，你说："你今天真漂亮。"但是具体漂亮在哪里呢？你没有说。

在大多数的时候，你的这一句赞美在她眼中可有可无，甚至于只是一句客气的恭维。但如果你说："你今天的眼妆很干净，眼影的颜色特别适合你。"这便是非常高明的赞美了，听到后她也会格外开心，甚至于这一天都会有好心情。我们在赞美一个人时，一定注意选择从细节着手，往往能有出其不意的效果。

（三）晤谈语

在拜访时，晤谈的过程中应注意以下几个方面。

1. 控制时间

一般来说，交谈的时间以半个小时为宜（朋友间的随意性拜访除外），以免耽误主人的时间。所以，主客寒暄后，客人应选择适当的时间，言简意赅说明来意。

例如：

有个学生到班主任家做客，恰逢班主任刚接回幼儿园的孩子，一个人手忙脚乱，一边陪学生聊天，一边哄着孩子给孩子做饭。结果直到学生一起吃过晚饭，也没有离开的意思。班主任问学生"有事吗？"答曰："没有。"就这样师生二人有一句没一句地聊着，直到晚上九点半，班主任说："太晚了，早点回去吧，不然，我不放心。"学生才离开。

显然，这个学生这样的登门拜访没有考虑主人的感受，是不合时宜的。

2. 节制音量

客人谈话应降低音量，语速保持适度，忌无所顾忌地高谈阔论，打扰主人及其家属的生活，引起主人的反感。很多人有过这样的经历：隔壁邻居家来了客人，高声谈话，一直持续到很晚给人的生活带来诸多打扰。

3. 注意体态语

人们常说，听其言还需观其行。作为客人应举止文明，避频繁走动或指手画脚等不雅动作。未经主人允许，翻看主人家的东西、四处走动或随意参观居室等都是极不礼貌的行为。

（四）辞别语

1. 表示感谢，请主人留步

"十分感谢您的盛情，再见！""就送到这吧，请回。""这件事就拜托您了，谢谢！"表示感谢的辞别语应礼貌得体。

2. 邀请对方来自己家做客

告辞时，除了向主人表示感谢外，还可邀请主人及家属来自己家做客。如"老同学，告辞了。您什么时候有空了也来我家坐坐！"注意，邀请对方时以对方方便为准，不可勉强。

（五）拜访的注意事项

（1）选择适当的拜访时间。一般来说，清晨、午休、深夜时间均不宜登门拜访。这些时间拜访会叨扰对方。

（2）事先预约，且按时拜访。万不得已做了不速之客，一见面最好作出解释："真抱歉，没打招呼就这么来了……"

（3）交谈的用语及语气，要顾及对方的辈分、地位等，还要看相互之间的关系。

（4）拜访者可以适当同主人家属交谈。

（5）如果是多人拜访，不要一个人抢着说话，要让大家都有机会说话。

（6）对主人的敬茶等待客行为应表示感谢。

（7）遇有来客，应前客让后客，可以说："对不起，我有点事。你们谈吧，我先走一步了。"

二、接待客人的语言技巧

有时，不善言谈的主人，也会使客人感到尴尬。比如到朋友家里做客，朋友的妈妈就在旁边坐着也不说话，会让人感觉自己不受欢迎。相处久了，才发现朋友的妈妈人很好，只是太不善言辞。可见不善言辞是会影响交际的。那么，做一位热情好客的主人，在言谈上应该掌握哪些技巧呢？

（1）对来访者的进门语做礼貌、热情的应答。如："我也想在家里同你聊聊，快请进！""哎呀！让你亲自跑一趟，叫我怎么感谢你呢？""哎呀，你来了，我可真高兴！"

（2）招待热情、周全。比如简单的寒暄、递茶果。

（3）尽快弄清来访者的意图，以便迅速确定谈话话题。作为主人要顺应客人心愿，给客人以愉快的感受。

三、电话沟通的语言技巧

接打电话看似很简单，却能体现一个人的基本素质：职场礼仪、信息传达能力、有效沟通能力等。

（一）接电话的语言技巧

1. 接电话要迅速及时

尽可能在铃声响第二遍就拿起话筒打招呼。自报家门："你好，这里是东城区少年宫（单位）。"如果振铃多次才接电话，应立即表示歉意说："对不起，让你久等了。"

2. 替别人接电话要有礼貌

请看下面一段对话：

电话铃响了，工作人员抄起话筒接听电话："您好，这里是东城区少年宫。"

"你好，请找一下张强。"

"对不起，他刚走出办公室，您愿意等一会儿还是让我告诉他给您回电话？"

请看下面一段对话，并与上一段进行对比：

电话铃响了，工作人员抄起话筒接听电话："您好，这里是东城区少年宫。"

"你好，请找一下张强。"

"他不在，我不知道他现在在哪。"

"那他多久能回来呢？"

"还有事吗？不知道！"（重重地放下电话）

有时对方想找的人不在或不方便，你可以进行必要的解释。应尽量使用下列方式，使对方易于接受：

"现在他不在办公室（家）。"

"他正在办公室（家里）和人谈话。"

"他在开会，可能要开到 8 点。"

"他出去办事，一会儿就回来。"

"我帮您留句话好吗？"

3. 不要让来电话的人一直等着。

如果对方要找的人正忙着，应告诉来电话的人留言或以后再打电话来。

4. 留言要准确

为了确保信息准确，最好将记录下的内容（日期、姓名、单位、电话号码）在电话里重复一遍。

5. 机智地回答问题

如不能确定来电话的人是什么身份，有什么意图，以及不确定是否可以提供对方需要的信息，那就可以这样说："让我查一查再给你回电话，怎么样？""我得跟李先生商量一下才能决定下来。"

6. 对对方的话要给予反馈

为了表示已经听懂对方讲话，应不时地用"嗯""对""行"等用语给对方积极的反馈。若没有听清楚对方谈话，应礼貌地打断对方，请他再讲一遍，"对不起，能麻烦您再讲一遍吗？"

7. 让对方结束通话

通话完毕说："再见，谢谢！"要让对方结束通话，然后自己轻轻放下电话。切不可以自己随意放下电话。也不可不耐烦地把话筒扔回原处或随便挂掉电话。一般情况下，通常是打电话的一方先放下电话。

8. 多用礼貌用语或祈求语言

打电话的一方要知道自己打扰了别人，因此用语要礼貌，以使对方悦纳。比如："你好，请问是北京工业大学吗？""劳驾，能帮忙找一下李老师吗？""麻烦您，找一下李强，谢谢。"

9. 电话交谈应该注意的其他问题

（1）语气要亲切热情。

（2）采取坐姿或站姿，切忌躺着接打电话。

（3）说话要清晰，使对方能听清你讲话的内容。

（4）要聚精会神。有人一边打电话，一边吃东西；或者一边打电话，一边与别人打招呼。别人见了不雅，打电话的人也一定觉得你不重视他。

第三节　交谈的语言艺术

日常生活中随时随地都需要交谈，跟不同的人要采用不同的交谈方式。掌握一定的交谈语言技巧，可以养成注意倾听和分析对方谈话的习惯，可以准确、流畅、得体地表达自己的见解，有助于提高语言交际能力。

一、交谈的步骤

（一）善于寻找话题

1. 寻找共同点

聊天时，要善于从参加者身上寻找共同点，并由此引出话题，这样能迅速拉近彼此的距离，引发亲近感。发着交谈内容的深入，可以一步步地挖掘、发现越来越多的共同点。其实生活中，共同点很好把握，只要做个有心人。比如：从服饰、逸闻趣事等方面都很容易寻找共同点。

2. 从聊天场地找话题

请看下面一段话：

甲：呀，你墙上这幅照片好像是五彩滩吧？我也去过那里。

乙：是吗？你什么时候去的？

甲：去年7月份。新疆是个好地方。

乙：真是美极了。

两人由此攀谈起来。

3. 善于委婉表意

心理学研究成果表明，一般情况下，人都比较容易接受赞扬的话，不太乐于接受批评。因此，确有必要批评时，可以采用委婉的语言表达自己的看法，帮助对方克服弱点。

4. 善于诙谐幽默

生活中，也常常需要一点幽默，幽默缘于智慧。

例如：

抗战胜利之后，张大千要从上海返回老家四川。临行前好友为他设宴饯行，并且邀请梅兰芳等人作陪。宴会开始之初，张大千被邀至首席而坐。张大千就说："梅先生乃是君子，应坐首席。我只是一个小人，应坐末席。"

梅兰芳和众人不明其意。于是张大千解释说："古话说'君子动口，小人动手'。梅先生用口唱戏而我动手作画，理应请梅先生上坐。"满堂来宾为之大笑，并请他俩并排坐于首位。张大千自嘲为小人，看似自贬，然而"醉翁之意不在酒"，这既体现了他的豁达胸怀，又营造了宽松和谐的交谈氛围。

5. 善于自我解嘲

例如：

在某俱乐部举行的一次招待会上，服务员不慎将啤酒洒到一位没有头发的宾客头上。服务员吓得手足无措，全场人目瞪口呆。这位宾客却微笑着说："老弟，这种治疗方法是无效的。"在场的人闻声大笑，尴尬的局面瞬间化解。这位宾客通过自嘲，既展现了宽大的胸怀，又维护了自己的尊严。

这些自我解嘲，使我们忽略了他们自身的缺点，却更关注他们身上闪烁的智慧的光芒。

（二）展开话题

1. 赞美鼓励法

生活中，有经验的老师面对胆怯的学生会说："你真聪明，答对了第一点，想想看第二点是什么吗？"这就采用了赞美鼓励法。

再比如：别人夸你的时候，你可以悄悄替换掉对象，夸回去，既能解除尴尬，也能延续话题。

阿姨：小静，现在身材越来越好了。

小静：阿姨，看朋友圈，妹妹也长得越来越水灵了，有空让她来找我玩啊。

阿姨：好好，那家伙一天到晚宅在家里，也不知道干嘛……

这样聊，不仅延续了话题，而且谁也不会尴尬。顺便把对方给予的愉悦回馈给对方，还顺利地打开了话匣子，可谓一举多得。

2. 引导深入法

"你的观点很有道理，我基本赞同，不过还有一点疑问……"我们可以运用这样提问的方法把话题引向深入。

例如：

小张：那个 ×× 电影很好看。

小李：我觉得没什么意思，听说那 ×××，更好看，还拿了很多奖。

小张：里面的 ×× 演得挺好的。

小李：×× 啊，也就一般般，比起我喜欢的明星，他可差远了。我的 ×××，可真是……

小李不仅贬低了小张喜欢的内容，而且独占话语权，把聊天变得像单方面审判，任谁都不会舒服。

同样的我们再看小张和小王的分享。

小张：那个 ×× 电影很好看。

小王：是啊，是啊，我也看了，你觉得谁演得最好？

小张：×× 啊，我觉得他演的超棒。你觉得呢？

小王：嗯，确实演得不错，不过我是"外貌协会"的，更喜欢 ××× 的颜，简直是神仙颜值。在另一部电影里，也超帅！

小张：真的吗？什么电影啊？

……

同样是表达和小张不同的观点，但与小李相比，小王没有去否定小张，而是在小张的分享上衍生出自己的观点，既肯定了小张，又给了小张足够的交流空间，还表达了自己的观点。

3. 列举事例法

一对未婚青年商量结婚的事，男青年说结婚不应讲排场，并征求女方意见。女青年表示同意后举了一个例子："某人为求排场，借钱完婚，婚后三年才还清债务，影响夫妻感情。"这样二人越谈越投机。

（三）结束交谈

结束交谈时，应注意以下几点。

（1）不要在双方热烈讨论某一个问题时，突然将对话结束，这是失礼的表现。

（2）不要勉强把话题拖长，这样会给对方留下语言无味的印象。

（3）要留意对方的暗示，对方用"体语态"作出希望结束的暗示，比如有意地看手表，频繁地改变坐姿，这时要适时地结束谈话。

（4）要掌握好时间。在准备结束谈话前，先预定一段时间，使交谈兴趣消落，以便从容停止。谈话结束时最好面带笑容，说些祝福对方的话，这样会产生很好的效果。

二、交谈应注意的事项

为了收到较好的交谈效果，交谈过程中应注意以下几点：

（1）避免以自我为中心，最好让每位交谈者都有交流的机会。

（2）不要伤害谈话人的感情。

（3）以提问的方式积极主动地参与谈话。如果对正在谈论的话题感兴趣，又无法介入，就可采用提问的方式，提出大家感兴趣的问题，以便顺利介入谈话。

（4）不要背后议论别人，这是素质不高的表现。

（5）察言观色，留心听众反映。听众表现出不耐烦的情绪时，应尽快停止谈话；对方若感兴趣，则可继续谈话。

（6）不可随意打断别人的谈话。

（7）不随意纠正别人的谈话。

（8）要注意选择话题，选择的话题要能引起大家的兴趣。

（9）记住交谈方的姓名，有助于交往。

遇见熟人，如能脱口叫出他的名字，就显得自然而亲切，如果叫不出对方的名字，就会感到语塞，交往的大门就不容易打开。

（10）礼让谦恭，多用褒称。

（11）随俗寒暄，区分职业。

小贴士

语言禁忌：

一忌毫无道理的语言；

二忌感情用事的语言；

三忌窥探隐私的语言；

四忌自以为是的语言；

五忌让人扫兴的语言；

六忌低级庸俗的语言；

七忌过分玩笑的语言；

八忌不识相的语言；

九忌没有实际意义的语言；

十忌拨弄是非的语言。

三、交谈的幽默艺术

（一）概念别解

例如：

一个女孩，在某短视频平台上传自己在迪士尼举办婚礼的视频，场地不大，但是很浪漫。但下面有人评论：这么厉害，有本事你把所有迪士尼公主都请来啊。明眼人一看就知道这人明显是酸葡萄心理。但女孩没有生气，而是回了一句很温暖的话："不行哦，策划人员说，结婚那天，只有我一个公主。"

（二）委婉曲深

例如：

19世纪意大利著名歌剧作曲家罗西尼，对自己的创作非常严肃认真，非常注意独创性，对那些模仿、抄袭行为深恶痛绝。有一次，一位作曲家制作了一首曲子，特意请罗西尼去听其演奏。罗西尼坐在前排，兴致勃勃地听着，开始听得蛮有兴趣，继而有点不安，再而脸上出现了不快的神色。

演奏按其章节继续，但罗西尼却频频把帽子摘下又戴上，而且表现出不耐烦。那位作曲家也注意到了罗西尼的奇怪的动作和表情，就问他，"这里的演出条件不好，是不是太热了？""不，"罗西尼说，"我有一见熟人就脱帽的习惯，在阁下的曲子里，我碰到那么多熟人，就不得不频频脱帽了。"言外之意是这位作曲家抄袭了他人的曲子。可是，直接的指斥恐怕会使对方十分难堪，所以罗西尼便用体态语及其说明（一见熟人就脱帽的习惯）来委婉地表达。

（三）一语双关

例如：

歌德曾经在一条窄得只能容下一个人的路上遇到一位批评家，批评家非常傲慢地说，我从不给傻子让路。歌德则微笑地说，我正好相反，您请。

（四）巧用术语

例如：

在公共汽车上，由于急刹车，车厢里的一个青年人猝不及防地撞到了一位姑娘身上，姑娘很不高兴，气冲冲地说了一句："什么德性！"意思是指责那个青年人很不礼貌。那个青年人立刻解释说："对不起，这和'德性'无关，是惯性。"一句话引起了乘客们的一片笑声，一场不快也在轻松的笑声中得以化解。

（五）随机应变

例如：

一位电视台的主持人在主持少儿节目时，根据内容需要，准备了一只鹅。当摄像机对准主持人和那只鹅的时候，主持人还没有开口，鹅就先叫了起来。主持人见此情景，即兴发挥道："小朋友们，你们听见了吗？我们今天请的客人已经等得不耐烦了，那节目这就开始。"众人一下子被吸引住了。

第四节 赞美与批评的语言艺术

心理学研究表明：爱听赞美是人们出于自尊的需要，是渴求上进，寻求理解、支持与鼓励的表现，是一种正常的心理需求。美国哲学家威廉·詹姆斯曾说："在人类的天性中，最深层的本质是渴望得到别人的重视。"我们都喜欢被赞美，因为被赞美的感觉，就是被别人重视的感觉。

一、赞美

赞美是一件好事，但绝不是一件容易的事。赞美别人时如不能掌握一定的技巧，即使你是真诚的，也未必能收到好的效果，有时甚至会变好事为坏事。因此，赞美是一种语言艺术。真诚的赞美，仿佛是用一支火把照亮别人的生活，也照亮自己的心田，有助于发扬被赞美者的美德，推动彼此关系健康地发展，还可以消除人际关系中的龃龉和怨恨。

（一）赞美的语言技巧

1. 赞美之辞应发自内心，符合实际

毫无根据、信口开河的赞美，只会让人感到你的虚情假意，甚至对你产生反感。

2. 赞美之辞要能满足对方的自我意识

社交的黄金法则是：别人希望你怎样对待他，你就怎样对待他。因此，赞美之前要了解对方，弄清对方希望怎样被夸奖。

例如：

孩子考一百分，父母表扬他："宝贝儿，真棒，终于考了一百分呢！"这会给孩子一种无法掌控的感觉，害怕下一次考不到一百分。相比之下，更好的做法是鼓励，通常针对态度和过程，给人一种可以掌控自我的感觉。同样的，孩子考一百分，父母鼓励他："宝贝儿你今天得了一百分，这是你努力的结果，爸爸妈妈都为你感到高兴，继续加油吧！"

3. 赞美之辞既可坦诚直言，又可间接表达，但要得体

例如：

你正在摆弄手机里的照片，对方看后说："这照片拍的真好，底板好太重要了！"言外之意，在夸你漂亮，这种间接夸奖比直接夸奖要得体。

赞美是人际关系中非常重要的润滑剂。赞美不但能使人感到开心与振奋，还能使人觉得被肯定与重视，可是生活中大多数人不是赞美的高手，很多人往往只知道赞美的重要性，却不懂得赞美的技巧，容易弄巧成拙。

4. 最好的赞美之辞不是锦上添花，而是雪中送炭

重复司空见惯的夸奖，会使对方毫无兴趣。相反，如果能发现对方不为人知的优点，并对其赞美，就能更好地满足对方的心理需求，并收到好的效果。比如：我大学毕业，工作不是很理想，有些失意，一同学在我的纪念册上留言："你身上有一种独到的气质，若能很好地发挥，必对你日后发展大有帮助。"我倍受鼓舞，于是对其产生好感。因为他发现了我身上的一种潜质，对我有启发，也是对我的一种肯定。

（二）赞美应注意的问题

1. 赞美要符合实际，实事求是

比如生活中赞美女性，人们总是习惯说："祝你永远年轻漂亮。"其实这话对年轻女性适合，对有点年长的女性则不够得体，因为它既不符合实际，也不能满足这部分女性的心理需求。

例如：

同样是赞美一个人漂亮，

A："你今天真漂亮！"

B："你今天气色看起来很好，真漂亮！"

C："今天的这条连衣裙很衬你的肤色，你的脸色看起来更好了，真漂亮！"

谁听起来最不敷衍、最真诚、最可信，一目了然。

再比如：

一次，我到司法警官学院讲课，对校长说了这样一段话："呀，学校的环境真好，校园绿化得好，靠榆树墙自然地把校园分割成了教学区、学生活动区。学生管理得也好，学生上间操，在走廊里只听到刷刷的跑步声，几乎听不到说话的声音，而且统一着警服，真带劲！"校长听后满脸的喜悦，连连点头并自豪地说："那是。"你看我的赞美是不是既符合实际又很得体啊。如果我这样说："校长，您真有能力，把学校治理得这么好。"赞美之词既显得苍白无力，又使人听了难以接受。

2. 赞美要目的明确，有的放矢

赞美要和人本身结合起来，这样会显得你很用心地在关注对方，在这个基础上的赞美也显得更加真诚、自然。来听这两句：

A：你的背包好酷啊！

B：你的背包好酷啊，你好有眼光！

哪句比较好听呢？应该是后者，赞美夸奖要与这个人本身联系起来。只要从逻辑上稍微思考一下，就可以得到我们想要夸奖的内容与想要夸奖的人之间的联系。

3. 对比式夸赞

对比能制造反差，有对比的夸赞效果更佳！

例如：

你的女朋友，亲自下厨做了一道新学会的菜肴——可乐鸡翅，满怀期待地看着你，你可以这样说："哇！这个鸡翅比饭店做的好吃多啦！你想把我喂成胖子吗？减肥好难呀，但是真的太好吃啦，根本停不下来啊。"

4. 自赞可直接出自本人之口，也可婉转地引用别人的话

在求职应聘时，对方并不了解我们有哪些优势和长处，这个时候就需要我们自我表达、自我宣传，争取一切机会使对方相信我们具备胜任工作的能力。为使自赞之辞得到佐证，可以出示获奖证书等证明材料。当然，自赞要符合实际，不可以过分夸大事实，也要避免自吹自擂。

因此自赞的同时应承认自己还有待改进之处，给人以实事求是的印象。

比如：

同志们都夸我做事认真，这是有目共睹的事实。于是，我就经常这样补充道："做事那是绝对认真，可你怎么不说我做事有时候也很教条呢？不要光说好的。"大家听后，也多是哈哈一笑。

二、批评

俗话说："忠言逆耳利于行"，有时也可变通理解为"忠言顺耳利于行"。能够听得进去逆耳忠言，才能利于行。连三岁孩子都希望得到夸奖，不愿意受到批评，更何况成年人呢？因此，能够听进去批评，心悦诚服地接受批评是关键。可见批评更要讲究语言艺术。

（一）批评的语言艺术

1. 先赞扬后批评

美国著名的演讲家戴尔·卡耐基说："矫正对方错误的第一方法——批评前先赞美对方。"批评前先赞美，能化解被批评者的对立情绪，使其乐于接受批评，从而达到预想效果。

一位上司批评女秘书时这样说："你今天穿的这件衣服真漂亮，你是一个迷人的姑娘。"然后又说："不过我希望你以后要对标点稍加注意，让你打的文件跟你的衣服一样漂亮，好吗？"女秘书愉快地接受了批评。

每个人都有自己的优点和缺点。如果我们只是一味地批评，在某种程度上就会放大缺

点，使对方觉得自己一无是处，那样的话，即使可以改正的缺点也变得无法接受了。况且先批评会让人心情沮丧，甚至再真诚的批评也令人难以接受；先表扬则不然，在对方情绪比较好的状态下，善意的批评是可以接受的。所以，我们在给他人指出缺点和不足时应怀着善意，尽量避免一上来就劈头盖脸一顿批评。当头棒喝也许能够讲清事实，但也要考虑对方能否接受。批评必须善于运用一定的方式和技巧，比如前面说到的批评之前先表扬。

2. 选择适当的时机和场合进行批评

双方都在气头上时不宜批评，最好能做到生气时少说话，因为人在生气时不够理智，待双方冷静后再谈的效果会更好。

例如：

我的一位朋友给我讲了这样一个故事。两位老总，一个人是正手，另一个人是副手，因为六百元钱吵了起来。这两个人工作上是搭档，生活中也是十分要好的朋友。假期的一天，她们约定到单位工作。可副手没来，正手就一个人默默地把工作完成了。上班了，单位发假期补助六百元钱，没有给副手发。副手正好遇到一件麻烦事，还在气头上，于是就借机大发雷霆。

正手默不作声，只是解释单位发假期补助的原则，并出示了副手工作的记录。副手听后说道："那天我来了，我是下午来的。"正手笑言："让你上午来，你下午来，工作都做完了。再说，你下午来你倒告诉我一声啊，你不说话，我也不知道你来了。"然后就像什么也没发生一样继续工作。

第二天，副手上班后向正手赔礼道歉。正手一脸的疑惑，"什么事啊？这还算事啊。"从那以后，副手就更加尊敬正手了，两人的友谊也更加深厚了。如果两个人当时就吵，不但于事无补，反而会影响工作，也会伤害友情。

再例如：

年终了，单位都要评先进。一天，我先生与一个人通电话，电话打了很久，我先生一声比一声高，越说越生气。这引起了我的注意，我听见话筒那边传来了一个女人委屈的哭声。我先生就时而劝说她，时而批评她。原来，这位女士没有评上先进，向主管领导诉苦。

我觉得我先生的处理方法不妥，我想批评他，但是我采取了迂回的策略。我将沏好的茶端上来，坐在他身边，一边削苹果一边若无其事地问道："怎么了？谁哭得那么厉害啊？"他向我讲述了事情经过。这位女下属家离单位较远，每天克服各种不便上班。但是她业绩平平，却因为没有评上先进而委屈。

于是我赞扬先生道："你也真不容易啊，这么大一帮人，不好管理。你们科年年是先进，多亏你了！"见先生面露喜色，我又委婉地提醒他说："如果你先肯定她克服困难上班，再说工作业绩不够的事，效果是不是能好一些呢？"先生说："对啊，有道理。你怎么不早说啊？"他愉快地接受了我的建议。如果我改成这样的批评："你不对，你处理问题的方法有问题。"气头上的他也许会和我吵起来。

3. 批评时巧用幽默

比如：

一位学生上课睡着了，老师走到他跟前将其叫醒，"梦到帅哥了吗？那帅哥是不是吓你一跳啊？"正在大家疑惑不解之际，老师补充道："因为那位帅哥是我。"于是大家哄堂大笑。

这位老师用幽默的语言巧妙地批评了学生，这种方式不让学生过于尴尬，说话是不是很有技巧呢？

（二）批评应注意的事项

尽可能避免在大庭广众前指名道姓地批评别人。这样做不仅无法达到纠正错误的目的，还会有人身攻击之嫌。

第五节　劝慰与道歉的语言艺术

一、劝慰的要求及语言技巧

（一）要同情，不要怜悯

当一个人遭到挫折和不幸的时候，十分需要别人的同情。真挚的同情，是站在完全平等的地位上交流思想感情，给对方以精神和道义上的支持，并分担对方的感情痛苦，使对方痛苦、懊丧的消极情绪得以宣泄，并有助于消除其心理上的孤独感，使他们增强战胜困难的信心。怜悯不是平等的思想感情交流，容易给人造成这是对不幸者的感情施舍的误解。这种"施舍"可能带来两种结果：

一位是刺伤不幸者的自尊心，激起他们的反感；二是使不幸者更加心灰意冷，无法振作。

例如：

一位女孩高考失利，我这样劝导她："我也经历过这样的挫折，所以你的心情我完全理解，不要太难过，好好复习，明年再考。如果明年考得更理想，这也许就是一件好事。一味地痛苦也于事无补，你说呢？"于是小女孩又重返课堂，以饱满的热情迎战高考。

再如：

一个人因为丢了手机而懊丧，你却跟着抱怨："你咋这么倒霉呢？"这会使他陷入更深的痛苦。

（二）要鼓励，不要埋怨

遭遇不幸和挫折的人，由于一时无法摆脱感情的羁绊，往往会垂头丧气，消极悲观。此时，最重要的是给予其信心和勇气，让他在困难的时候看到光明前景。消极埋怨只会使不幸者更加悲观。

例如：

期中考试，团支书有一科考试不及格，情绪十分低落。班主任找其谈话："你帮我初步挑选几个同学，看谁能当选优秀团员、优秀团干部？"她非常想推荐自己，但考虑到考试不及格，就没有写自己的名字。班主任鼓励她："班级同学中，你最有工作能力，工作也干得最好，但这次没办法，希望你把学习搞上去。有信心吗？""老师，您放心吧，我一定搞好学习！"

在这里，班主任用鼓励代替了批评和指责，收到良好的效果。

（三）力求使对方宽心

通过讲道理，使对方宽心、放心。

例如：

渑池会结束以后，蔺相如回到赵国，由于功劳大，被封为上卿，官位在廉颇之上。廉颇说："作为赵国的将军，我有攻战城池作战旷野的大功劳，而蔺相如只不过靠能说会道立了点功，可是他的地位却在我之上。况且蔺相如本来就出身卑贱，我感到羞耻，无法容忍官位在他之下。"并且扬言说："如果我遇见蔺相如，一定要羞辱他一番。"蔺相如听到这话后，不愿意和廉颇相会。每到上朝时，蔺相如常常声称有病，不愿和廉颇争位次的先后。蔺相如外出，远远看到廉颇就下令掉转车子回避。于是蔺相如的门客就一起来向蔺相如抗议说："我们之所以离开亲人来侍奉您，是仰慕您高尚的节义呀。如今您的官位在廉颇之上，廉颇传出狠话，而您却害怕躲避着他，胆怯得也太过分了。一般人尚且感到羞耻，更何况是身为将相的您呢！我们这些人没有出息，请让我们辞去吧！"蔺相如坚决地挽留他们，说："诸位认为廉将军和秦王相比谁更厉害？"众人都说："廉将军比不上秦王。"蔺相如说："以秦王的威势，我尚敢在朝廷上呵斥他，羞辱他的群臣，我蔺相如虽然无能，难道会害怕廉将军吗！但是我想到，强大的秦国之所以不敢对赵国用兵，就是因为有我们两人在呀。如今我们俩相斗，就如同两猛虎争斗一般，势必不能同时生存。我之所以这样忍让，就是将国家的危难放在前面，而将个人的私怨搁在后面罢了！"

蔺相如的一席话，感动了门客，挽留了门客，也使听到这话的廉颇极为感动，才有了后面的"负荆请罪"的故事。

（四）要寓鼓励于安慰中

例如：

我有一位毕业多年的女学生失恋了，她求助于我。我这样安慰她："别苦恼，其实你的条件多好啊，只是你们缺少缘分罢了。这也许是件好事，情不投意不合，多别扭。俗话说，强扭的瓜不甜。以你的条件，不愁找不到与你般配的人。我就知道有好几个男孩子对你印象都不错。"

一席话，既点拨了她又安慰了她。

（五）要掌握好时机

对情绪失控者要待其冷静再实施劝慰。

一女子与丈夫发生矛盾向好友哭诉。面对情绪失控的女子，朋友极力安慰："别急，慢慢说，我一定帮你。"这位朋友努力做个倾听者，待该女子情绪稳定后再站在她的角度上帮她分析事理，劝慰她，收到了好的效果。

二、劝慰的要求及语言技巧

（一）先道歉后解释

有错就应先认错，以诚恳的态度取得对方的谅解。千万不要找客观原因为自己辩解、开脱，使对方怀疑你的诚意，从而扩大裂痕，加深隔阂。如确有非解释不可的地方，应在道歉之后再作解释，才能表示自己的诚意。如："对不起，这事我做得真不对。事情是这样的……"

（二）利用第三者转致歉意

双方成见很深，或都处在火头上时，最好先请第三者转致歉意，待双方都冷静后，再当面赔礼道歉。

例如：

我和一对好朋友都是多年的好友，这对好朋友从小一起长大，非常要好，一起出国留学，谁知回国后竟然不来往了。我了解到这一情况后，分别找两人谈，双方都表示没什么大事，都是鸡毛蒜皮的小事惹的祸。当时碍于面子没有道歉，结果错过了道歉的最佳时机，两人都觉得弄成今天这种尴尬的关系很遗憾。我就从中周旋，安排了一次聚会，两个人终于和好如初了。

（三）道歉时的语气和态度

真诚的道歉，应该做到语气温和，态度坦诚而不谦卑。道歉时应友好地看着对方，并多用一些礼貌用语，如"请包涵""请原谅"等。同时，道歉的语言以简洁为好。只要表明了自己的态度，对方也表示谅解就行了，切忌重复、啰唆。

（四）没有错有时也需要道歉

这种情况常适用于管理者。当你的下属在工作中未能恪尽职守，或者某一方面的工作未尽人意，造成失误时，为了促使下属进一步反省，也为了挽回单位的信誉，作为管理者有必要诚恳、庄重地向对方或公众表达歉意，以求得谅解。

三、道歉应注意的事项

掌握了道歉的基本技巧，也有必要根据场合、情况的不同，注意一些小事项：

（1）道歉并非耻辱，而是真挚和诚恳的表现。

（2）道歉要堂堂正正，不必奴颜婢膝。

（3）把握道歉时机，应该道歉时应马上道歉，耽搁时间越久越难启齿，有时甚至会造成追悔莫及的后果。

小贴士☺

哈里特·勒纳是美国知名的感情专家，《道歉让生活更美好》是勒纳最新出版的一本书，书中总结了五种最不能让人接受的道歉方式，以及什么样的道歉是更恰当的。

有哪些道歉方式最不能让人接受呢？

第一，在"对不起"后面一定要加一句"但是"。这会让道歉不真诚，意味着道歉一方在找借口，在淡化自己的错误。就算"但是"后面说得很有道理，也会让道歉变得没有效果。

第二，"你非要这么生气，我也没辙。"这么说的人实际上就是不想道歉，他在逃避错误，把责任推给别人。

第三，"这几件事情，哪件我做错了？"这是在把判断的责任交给对方，实际上也是推掉了自己的责任，好像是对方在无理取闹。

第四，只说"对不起"，不说具体原因。光是"对不起"这三个字是没办法化解矛盾的。

第五，道歉之后要求对方马上原谅。这简直是低级情商的代表。道歉后，要坦然面对结果。不是每个人都能在瞬间原谅他人。

[摘自：如何恰当地道歉——知乎（zhihu.com）]

第六节　拒绝与应对的语言艺术

在日常生活中，大家经常面临被拒绝或拒绝别人的情形。拒绝总是令人遗憾的，如何把拒绝可能带来的危害降到最低限度，或者取得对方的理解，这都需要讲究一些拒绝的技巧。

一、拒绝的语言技巧

在拒绝别人的过程中，经常会遇到很多麻烦，有时候原本有理由拒绝，但是由于表达不当，会惹得对方很不高兴。

例如：

你正在忙着准备考试，这时候有人打电话找你帮忙，于是你就对打电话的人说"我很忙"。这一句话竟让他认为你不爱帮助别人。如果你说："好啊，我非常愿意帮忙。不过，你要等两天，因为这两天我正全力忙着复习，准备考试。等我考完试，一定竭尽全力办这件事，你看好吗？"我想对方一定会理解的。

（一）直截了当的拒绝

有些人在拒绝对方时，因为感到不好意思，而不敢据实说明。经常以"需要考虑考虑"为托词而不愿意当面拒绝请求，内心却希望通过拖延时间使对方知难而退。殊不知语意暧昧，模棱两可，反而容易引起对方误会。此时，应该明确告知对方你的考虑，表示自己的诚信。运用这种方法时，语气要温和诚恳。

首先，感谢对方在需要帮助时可以想到你，并且略表歉意。注意，过分的歉意会造成不诚实的印象，因为如果你真的感到非常抱歉的话，就应该接受对方的请求。

其次，不要以一种高高在上的态度拒绝对方的要求，不要对他人的请求流露出不快的神色，更不要蔑视或忽略对方，这些失误都是没有修养的具体表现，会让对方觉得你的拒绝是对他的反对，从而对你的拒绝产生逆反心理。从听对方陈述要求和理由，到拒绝对方并陈述理由，都要保持和蔼的态度和面貌，表示出对对方的好感和真诚之心。

例如：

一位科长要给其下属介绍对象，下属直截了当地拒绝了他："谢谢您总想着我。实在抱歉，这件事让您失望了。我现在还不具备结婚的条件，等我事业稳固以后，有了一定的经济基础再谈婚事，我想随着年龄的增长，择偶的标准也会随之改变，您说是不是？"

大家看，这位下属拒绝的语言是多么入情入理，既直接拒绝，语言又很得体。

（二）委婉的拒绝

1. 诱导否定法

当对方提出的问题不急于回答时，可采用迂回战术，提出一些条件或提出一个问题诱使对方自我否定，从而放弃原来的要求。

例如：

小张和小李是一个部门的同事，部门经理让小张整理一些资料，但是小张担心自己做得不好，就想请小李来帮忙，小李说："我是很愿意来帮你的，但是太不巧，我手里还有个报表没做完，其实凭你的能力把这些资料整理好，要比我快得很多呢！你先自己来做，我把报表做完了就过来帮你。"小张只好说："好的，谢谢你的鼓励。"

小李的一番话说得十分巧妙，不但拒绝了对方，也提出了相反的建议，对方也就无话可说了。如果小李一本正经地说"你的事我可做不了啊"。这样会伤了同事间的和气。

再比如：

有一次，一位记者问基辛格："你们有多少潜艇导弹在配置分导式多弹头？"基辛格回答："我不确切知道正在配置分导式多弹头的'民兵'导弹有多少。至于潜艇，我的苦处是数目我是知道的，但不知道这是不是保密的。"记者说："不是保密的。""不是保密的吗？那你说是多少？"记者愣了一下，笑了。

2. 预埋伏笔法

对于对方的要求，先不拒绝，而是充分阐明不利因素，埋下伏笔，让对方有足够的思想准备，再在适当的时候，用恰当的方法加以拒绝。

例如：

有人托你介绍工作，你可以这样拒绝他："你的学历没有达到规定的要求，何况名额少，难度大，但我会尽力争取的。"其中"学历没有达到规定要求""名额少"已充分展示了对方的不利条件，为拒绝对方埋下伏笔。

3. 拖延法

对于一些不便于立即回绝的请求，可以用拖延的方法加以拒绝。时间的拖延，可以使对方的请求变得没那么迫切。

4. 转移话题法

对方提出的要求难以回绝时，可以采用转移话题、答非所问等方式，暂时把对方说话的焦点转移开而达到拒绝的目的。

例如：

1998年汉城奥运会时，中国代表团一到汉城，记者就纠缠着李梦华团长问："中国能拿几块金牌？"李梦华回答："10月2日之后，你们肯定知道。"记者又追问："新华社曾预测拿11枚金牌，你认为客观吗？"李梦华答道："中国有充分的言论自由，记者怎么想，就可以怎么写。"

这种避实就虚、似答非答的方法，即达到了在要害问题上拒绝答复的目的，又显得落落大方、无懈可击。

5. 利害相陈

在交往中如果遇到要求"开后门"之类违反原则的事，需要讲明道理，明确拒绝。

例如：

一个朋友找到我："哎，李强是我亲属的孩子，学习不怎么样，期末考试就让他及格吧。""及格没问题啊，可是咱们学校规定老师给学生提分要受处分，职称免评三年，万一出事怎么办？还是教训他一下，让他以后加强学习为好？你说呢？"

由于陈述利害，朋友欣然接受了我的建议。

6.另谋出路

当你为朋友的所求感到力不从心时，可以为他介绍几种解决途径，使朋友感到高兴。

例如：

"这周是不行了，下周的话我倒是可以来帮帮忙。"

"志愿者活动我真的胜任不了，捐助可以吗？"

"很遗憾，我无法出席，可以让王媛媛代替我出席吗？"

这种提出替代方案型的婉拒虽然是一种委婉的拒绝，但是也能够让有求于你的人感觉到你是在为他着想。

7.沉默不语

评先进时，有人问我结果，我佯装听不见，以此拒绝。

分析下面的例子：

我有一位朋友曾向我说过这样一件事：领导安排他去为领导个人办一件私事，恰好他手头的业务又不能耽搁，我的朋友就对领导说"我不去"。谁知竟惹怒了这位领导，遭到了批评。如果遇到了这样的事情，你想怎么处理？

分析：

这位朋友，一看性格就很直率，刚刚参加工作，对于人际交往还缺少必要的了解，遇到这种情况可以采取委婉的拒绝方法。比如，在认真听完领导的要求后，就应该这样问领导："先前您交待给我的业务如果不着急的话，那我就先做这件事情？"以询问的方式委婉拒绝，这样就把问题交给了领导。我想领导也会以单位的业务为重，不会勉为其难的。

二、被拒绝时的应对方法

在遭到拒绝的时候很多人会表现出失望、伤心，有的甚至大发雷霆，但是这不是解决问题的正确方式。通过上面的例子我们不难看出，在要求遭到拒绝的时候，应该采取积极的态度，并且冷静地思考被拒绝的原因，然后寻找应对的方法，解决问题。

（一）要保持良好的态度

被拒绝时，心情总是不愉快的。但要顾全大局，尽可能替对方着想，尽量面带微笑，保持适当的风度，给对方留下良好的印象。

（二）要做好善后工作

有这样的一个故事：一个人经他的朋友介绍去一家公司应聘，几天后，他得到了公司寄来的不被录取的通知。当时他马上给公司写了封回信，感谢公司总经理给予他的机会。同时他又打电话给他的朋友，让这位朋友代他向公司表达谢意。这位朋友照他的话给公司打了一个电话。没想到，几天后他竟收到了这家公司的录取通知。原来是那封回信起了作用。他那亲切、有礼的回信，在主试者之间传阅着，大家发现，他正是公司需要的人才，于是，公司决定在既定名额之外追加录取。

原本未被录用，但由于懂得如何正确对待拒绝，结果给自己带来了意外的收获。由此可见，被人拒绝时，虽然事情似乎已经结束，但如果能重视善后工作，就有可能出现转机，或为下一次交往创造条件。

三、善于领悟对方拒绝的态势语

作为提出要求的一方，除了要善于从对方的言辞中领悟其意图外，还必须注意捕捉对方的态势语言。下面介绍的五种情况就是对方拒绝的信号。

（一）在谈话的中途不时插嘴

许多人说服别人接受自己的要求时，喜欢一鼓作气地阐述理由，假如中途对方不断地插话，一方的语言表达功能就会受到影响，其说服力就大大减弱了。

（二）表示出不耐烦的态度

对方不时左顾右盼，来回移动自己的视线，或者不停地用手触摸办公桌上的东西，此时对方在表达他的不耐烦，应该早点结束谈话。

（三）不断地看表

对方不断地把目光停留在自己或你的手表上，或者不停地看墙壁的挂钟，这就是在提醒你不要再继续下去了。

（四）经常离开座位

倘若你和对方谈话时，对方经常借口离开座位，你的内心一定会感到不舒服，因为这表示对方并不重视你的存在。

（五）故意自言自语

在两个人谈话时，如果对方"顾左右而言他"，那么，你就要明白对方对此话题不感兴趣，应主动中断谈话。

经典赏析

伽利略是意大利著名科学家。青年时，他对哲学产生了浓厚的兴趣，立志学习哲学，可是他父亲却不同意。一次，伽利略又为这事去找父亲。"爸爸，有件事我一直不明白，那就是你为什么要和妈妈结婚？"伽利略问。"因为我喜欢她。"父亲答道。"那你没娶过别的女人？"伽利略又问。父亲赶紧加以解释："孩子，绝对没有这种事，我敢对天发誓，我只喜欢你母亲一人，我痴痴地追求着她，要知道你母亲从前是一位非常美丽的姑娘……"听完父亲的话，伽利略趁机说："我相信你说的这些话。要知道，现在我也面临同样的处境。哲学是我唯一的需要，除了哲学以外，我不可能选择别的职业，我对它的爱犹如你对母亲的爱一样。"父亲终于同意了他的要求。

分析：

在这里，伽利略用类比的方法委婉地应对父亲的拒绝，不愧为一位智者。

拓展与应用

一、案例分析

案例分析一

第二次世界大战期间，美国一位科学家去请求总统罗斯福拨款以研制原子弹。这位科学家百般陈述利害，罗斯福仍然不为所动。临走时，那位科学家发现罗斯福的办公室墙壁上挂着一幅画，上面画着一艘潜艇，顿时计上心来："19世纪，曾有人向拿破仑提出过制造潜水艇的建议，拿破仑觉得很可笑，没有采纳。如果拿破仑采纳了这个建议，今天欧洲的历史就要重写了。"罗斯福听罢，立刻改变了态度，同意研制原子弹。

请问：这位科学家使用了什么样的技巧使罗斯福改变了态度？

案例分析二

启功先生是北京师范大学的教授、博士生导师，著名的书法家。一次，一个想索求启先生墨宝的人给启先生打电话：

求字者：启功先生，您曾为我的一本书题签，现在书已出版，明天面送给您。

启先生：通过邮局寄给我就行了。

求字者：还是我亲自送来吧。

启先生：那你就干脆说还有什么事吧。

求字者：没事，就是想看看您。

启先生：既然那么想看我，也行，我给你寄张照片来，你可以从从容容地看。

求字者：那不好，还是来看吧。

启先生：那么你明天何时来，说个点儿。我出门，就在大门口，你也不用进我的门，你不是就为看我吗？

请问：启功先生用了什么样的拒绝方法？

案例分析三

阅读下面的对话，看其是否达到了表意准确的要求。如果没做到表意准确，请说一下原因。

中秋节的晚上，学生甲和学生乙在教学楼里倚窗赏月观景，开始了对话。

甲说："你看，今天天气多好啊！"

乙说："是呀，今天是一个多么晴朗的秋夜，繁星、明月，万家灯火，构成了一幅多么美丽的夜景啊！"

甲接着问乙："你喜欢吃月饼吗？"

乙答："喜欢。"

甲又问："那么，我问你，你知道中秋节是什么节吗？"

乙答："中秋节就是吃月饼的节呗！"

甲听后哈哈大笑起来……

案例分析四

阅读下面的对话，看其是否表意清楚。如果有一方表意不清楚，请说明原因。

母亲对正在做功课的女儿说："你打算几点钟吃晚饭？"

女儿："哦，我写作业呢。写完作业还得到同学家去核对一下，最后还有不明白的地方得去问问老师。"

母亲："饭要一个小时才能做出来。"

女儿："小弟什么时候回来呢？他回来能帮我找一下我的同学吗？省得我浪费时间！"

母亲："我不知道你小弟能不能帮你，我想知道你到底几点吃饭。"

女儿："等我把所有的事干完。"

母亲："开饭的时间只好由我来定了。"

二、模拟练习

场景一

你第一次去同学家吃饭，同学的妈妈殷勤地劝你吃菜，恰好那道菜是你不喜欢吃的，这时你该怎么办？应该怎么说？

场景二

你最好的朋友考研失败，你该如何安慰他？

场景三

厂房里，"禁止吸烟"四个红漆大字底下，几个工人在仓库聚堆吸烟，如果你是工厂的经理，刚好路过看到这一幕，你如何批评教育工人？（注意：这几名工人都是特殊工种熟练工，不能简单粗暴地开除处理）

第八章
求职口才训练

课前导学

1. 了解口才对于求职的重要性。
2. 掌握求职面试的相关表达技巧。
3. 能灵活运用所学的求职口才技巧应对职场招聘。

导 语

早在20世纪40年代，美国人就把"口才、美元和原子弹"看作是在世界上赖以生存和竞争的三大法宝。60年代以后，这三大法宝又改为了"口才、美元和电脑"。值得注意的是，虽然随着科学技术的迅速发展，"电脑"代替了"原子弹"，而"口才"竟连续独冠"三要"之首，足见其作用和价值非同小可。

美国通用电器CEO杰克·韦尔奇在美国的玉山科技协会第13周年的年会上，提出了一个振聋发聩的观点："沟通的时代来临了。"沟通离不开口才，可见"口才"作为一种表情达意，论辩是非，传递信息的重要工具，其对社会发展的推动作用越来越受到人们的重视。

第一节 求职口才概述

在日益激烈的就业竞争中，很多大学毕业生在求职时都面临着这样的现实：学习成绩已经不再是用人单位选拔人才的唯一标准。用人单位在选拔人才时，越来越重视大学生的综合素质，特别是良好的口才，即沟通能力。

一位毕业生在成功求职之后感慨道："面试中口才好太重要了！"正所谓"三寸之舌胜过百万之师"，一个应聘者，即使不是名牌院校毕业，但凭着自己出色的口才，也能说服用人单位，让对方相信自己是有能力的。所以大学生平时要有意识地进行口才训练，提高自己的口语表达能力。千里之行始于足下，要想获得理想的工作岗位，可以先从了解什么是求职口才开始。

一、求职口才的含义

求职口才就是求职者在应聘过程中，进行语言沟通时所表现出来的才能。求职口才既是一个人能力的外在标志，也是一个人综合素质的具体体现。招聘单位在看重应聘者学历的时候，更加关注的是应聘者的专业能力和沟通交流时表现出来的综合能力。

真正的好口才绝对不仅仅是嘴上的功夫，而是一个人德、才、学、识的综合体现，必须"内外兼修，标本兼治"，这是一个长期积累并不断历练的过程。

二、求职口才的特点

（一）目的性

在面试场上，求职者运用简洁和富有个性的语言进行自我介绍，回答问题要展示自己的实力和价值，用优异的表现获得招聘方的认可。

（二）自荐性

卡耐基曾说过："推销自己是一种才华，是一种艺术。有了这种才华，你就能安身立命，使自己处于不败之地。一旦学会了推销自己，你就可以推销任何值得拥有的东西。"可见，求职面试时，如何通过谈话和回答问题使自己被对方接受而获得心仪的工作，即如何有效地推销自己是很重要的。作为应聘者，除了要具备较高的思想素质和专业技术外，还必须要正确评估自己，有针对性地优化自己，恰当地推荐自己。

（三）艺术性

求职现场是一个没有硝烟的战场，招聘人员往往会其不意地提出一些比较难以回答的问题。当不得不回答时，求职者只有巧妙地运用语言表达技术巧妙回答，才能在面试过程中立于不败之地。

三、求职口才的意义

良好的口才，是用人单位招人的一个标准。用人单位在选拔人才的时候，除了硬性条件外，越来越注重大学生的综合素质，特别是良好的沟通能力。

（一）成功推销自己

事业的成功与失败往往取决于一次交谈或者谈话，从社会需求来看，口才是衡量一个人综合能力的重要标准，也是检验一个人才干和人格魅力的标准。面试是求职者推销自己的良好机会，要让主考官在短暂时间内认识和欣赏自己并非易事。求职者只有熟练地掌握求职的口才艺术，才能在激烈的竞争中过关斩将。

（二）获得有效信息

职业方向直接决定了一个人的职业发展，所谓"男怕入错行，女怕嫁错郎"，选错了行业可能会错过本该有所作为的人生。在求职的过程中，招聘方与应聘者的关系是平等的。招聘方通过交谈了解应聘者是否符合岗位要求，应聘者也可以通过咨询，了解应聘单位的情况，决定是否接受这一工作。

（三）顺利发展事业

口才是一种人才资本，是职业发展生涯中必须具备的能力，也是适应社会发展的必要能力。职场中，口才并不是雄辩滔滔也不是溜须拍马，本质上它是一种能够提升效率和收益的传播工具。拥有好口才，可以获得更多的生存和发展空间。

求职者拥有好口才，善于沟通、善于说服，可以更好、更快地适应工作环境，让更多的人认同自己、接纳自己甚至帮助自己。

四、求职需要注意的表达问题

人生的道路虽然漫长，但紧要处往往只有几步。求职面试，也是应聘者人生道路上关键的一步。说话和事业的发展有很大关系，求职面试中，如何运用正确的方法规避求职风险，选准应答角度，需要注意以下几点。

（一）听清题意

面试题目，许多是考官们准备好的，有题目卡片提供选择，也有的是即兴提问。所以面试时要全神贯注。实在没听懂问题可以让对方重复一遍。请对方重复问题时身体微向前倾，保持眼神交流，这样能显示你在认真听。听清题意或看清题目后，针对所问的题目有针对性地回答，不要偏离中心，更不要回答和问题不相关的事情。招聘者最排斥的情况就是应聘者回答不切题或总让重复提问。

（二）说话清晰简洁

一个词可以说清楚的事就不用两个词说。礼貌地称呼招聘者"先生"或"女士"，清楚地表达想法。回答应简洁切题。说话是为了传达有意义的信息，而不仅仅是为了打破沉默。说话时音量要适中，口齿要清晰，不要让招聘者听不清楚。

（三）知己知彼

面试前，在做好自身准备工作的同时也要了解你所应聘的公司。比如市场的行情，一些企业知识、产品、未来发展方向等。有了大致的了解之后，记住一些企业基本知识，因为这些相关的内容可能被问到，有了充分的准备，可以在回答问题时游刃有余。

（四）展示亮点

亮点就是优势，每个人都有他人所不具备的优势。求职过程实际上就是一个自我展示的过程，亮点越多越好，亮点越耀眼越好。求职者可以用生动、精彩的语言，陈述、表露自己的实际能力、特殊本领或今后的发展优势。

例如：

一位家境优越的求职者，到一家单位求职面试，他自我介绍时说："我出生于一个富裕的家庭，但我的父亲对我的要求十分严格，家里虽然有保姆，但洗衣服等家务活从来不让保姆帮我做，而是让我亲自完成。由于我从小独立能力强，什么事情都是自己做，从不依赖父母，所以多大的苦，我都能吃。"

这一类的求职者，可能被误认为"不能吃苦"，但他从父亲对自己的严格要求入手，谈到对家庭教育的看法和自己的生活态度，以此让面试官了解到自己拥有能吃苦的优秀品质。这样的介绍就消除了误会，让企业觉得他是可造之才。

（五）有策略地提问

在面试过程中，有些主考官会给应聘者提问的机会，那么该如何提问呢？牢记一点：问重要的问题。重要的问题是指：你能为公司做什么。比如："怎样才算胜任这个职位？"或"您期待什么样的雇员？"问这样的问题会显得你明事理。

当然，面试过程中，招聘方还会提出一些两难的问题，有意让求职者经受极端的锻炼，以察言观色的方式考察一个人的品质、创造性和自我控制能力。求职者要从容镇定，奉行无伤害原则，快速、巧妙跳出圈套，营造柳暗花明又一村的新境界。

第二节　介绍的语言艺术

介绍是一种涉及范围广、实用性很强的表达方式，是社交中人们互相认识、建立联系的必要手段。介绍分为自我介绍和居间介绍。

一、自我介绍的语言技巧

自我介绍是展示自己的一个重要手段，自我介绍的效果好不好，直接关系到留给别人的第一印象的好坏及以后交往的顺利与否。同时，自我介绍也是认识自我的手段。古人云："知人者智，知己者明"。要想认识自我，给自己一个准确的定位不是容易的事情。而通过自我介绍，也会对自己的情况进行有意识的梳理。自我介绍有一定的语言技巧。

（一）巧报姓名

1. 谐音法
例如：

蒋力，可以谐音为"奖励"。

邓玉婷，可以谐音为"等雨停"。

2. 重复法
在职场，两个人见面了。其中一位说道："你好，我叫王刚。"另一位立刻重复道："你好王刚。"既得体又巧妙地记住了对方的名字，可见重复也是个好办法。

3. 释义法
在职场，两个人见面了。其中一位说道："你好！我叫张东升，请多关照！"另一位马上说："你好！张东升，东边的太阳冉冉升起，好名字！嗯，张东升！"

（二）把握分寸

经典赏析

著名的戏剧表演家王景愚是这样做自我介绍的：

我就是王景愚，表演《吃鸡》的那个王景愚，愚公移山的愚。人称我是多愁善感的戏剧家，实在是愧不敢当，我只不过是一个走火入魔的"哑剧迷"罢了。

你看我40多公斤的瘦小身材，却经常负荷许多忧虑与烦恼，又多半是自找的。我不善于向自己敬爱的人表述敬与爱，却善于向所憎恶的人表述憎与恶，然而胆子并不大。我虽然很执拗，却又常常否定自己，否定自己既痛苦又快乐，我就生活在这痛苦与快乐的交织网里，总也冲不出去。在事业上，人家说我是敢于拼搏的强者；而在复杂的人际关系面前，我又是一个心无灵犀，半点不通的弱者。因此，在生活中，我是交替扮演强者与弱的角色……

分析：

这位表演艺术家的自我介绍是多么的机智巧妙！同时又不乏谦虚、诚恳。所以，自我介绍不一定要口吐莲花，我们更推崇自信自谦、分寸恰当的介绍。

（三）幽默生动

在自我介绍时，语言生动、幽默风趣能给对方留下更加深刻的印象，同时也比较容易引起人们的好感与认同，进而产生与之接近的愿望。

例如：

一位青年叫聂品，他这样介绍自己："我叫聂品，三只耳朵，三张口，就是没有三个头。"而一位叫丁一的青年则这样介绍自己："我叫丁一，甲乙丙丁的丁，一二三四的一，我父母生怕笔画太多我写名字会累，就取了这样一个简单的名字，你们可以叫我三画。"

二、居间介绍的语言技巧

介绍是人与人之间沟通和了解的桥梁，是良好合作的开始。在介绍互不认识的两个人时，应该注意先后次序，即遵循"尊者先知"的原则。

（一）把握长者、尊者、女性优先的原则

把男子介绍给女子；把职位低的人介绍给职位高的人；把年轻人介绍给年长者。这样的介绍顺序是为了表示对职位高的、年长人士的尊重。

例如：

张伟是一位研究生，一天他的朋友来校找他玩，二人在食堂吃饭时遇到张伟的导师李教授，本着"把年轻人介绍给老年人"的原则，张伟说："李老师，这是我好朋友刘洋。"大家要记住：先称呼者为尊，介绍居后。

（二）尤其要介绍双方的爱好与特长

这种介绍方式有利于引起双方的注意，促使双方结识。居间介绍选择双方都感兴趣的话题十分重要，它促使双方尽快结识。

例如：

一次师门聚餐中，往届的师兄师姐也来了不少，导师指着一位师兄对我说："李阳，这位是摄影家协会的理事，你不是喜欢摄影吗，可以向你师兄多请教！"我听了很是兴奋，赶紧与师兄攀谈。结果越聊越投机，等宴会结束时，我们就像多年的好友一般了。

（三）征询引荐

通常情况下，一群熟悉的人在一起聚会时也会出现新成员，如果新成员不习惯主动地介绍自己，这就需要征询引荐。所谓征询引荐就是采用询问的方式，征得同意后再引荐的介绍方法。

例如：

"李先生，我可以介绍张悦小姐与你认识吗？"征得同意后再为之介绍，在双方期待中居间介绍，得体有理，岂不更好？

三、介绍应注意的问题

（一）介绍时应镇定自若，落落大方

有过当众讲话经历的人都知道，很少有人能够做到心情平静、信心十足地与完全陌生的人打交道。因此，应该在介绍之前打好腹稿，做到语言得体，这样会增强自信。同时，用礼貌大方的肢体语言向大家展示你乐于与人交流的愿望。

> 小贴士 美国作家爱默生说："恐惧较之世上任何事物更能击溃人类。"

（二）音量适中，口齿清晰，语速适中

现实生活中，如果不注意音量，再美丽的语言也会黯然失色，声音小听不清楚，声音大甚至会成为噪声。在介绍的时候，应该尽量使自己的声音听起来亲切悦耳。在口语表述方面要吐字清楚，语速快慢适中，尽量让每一个人都能了解介绍的内容。

在与人交流的过程中，在介绍自己和他人的时候，除了要注意方式方法以外，还要让自己的语言和举止得体自如，使自己所说的每一句话都能让听者了解，进而达到交流和沟通的目的。

四、求职应聘的自我介绍

"介绍一下你自己吧"，这是应聘环节中最常听到的一句话。面试官通常只会留给你三分钟的时间让你陈述。自我介绍看似很简单，却能够影响到面试官对你的第一印象。倘若你不小心犯了错，对方对你的观感也会大打折扣。

所以求职应聘者应该牢记，开场的自我介绍就是一场自我推销，成功的自我推销要展现出自己最可贵、最独特的个人特点和优势，让面试官对你有深刻而直观的了解。

（一）自我介绍的内容

自我介绍通常包括以下几方面的内容：

1. 个人背景

你的姓名、年龄、籍贯、家庭状况，甚至职业规划、奋斗目标、人生态度等，都要有一个简明扼要的述说。

例如：

一位应聘周刊编辑的毕业生，在谈到自己为什么来应聘这个职位时，是这样说的："我们一家三口，父母分别在师范大学的中文系和哲学系任教。他们让我从小就深刻地意识到我是天生吃'文化'这饭碗的。"

这样，面试官对你应聘的动机就有了一定的了解了。

2. 教育背景

毕业院校、主修专业、学位这些都要详细说明。

即便不是名牌大学的毕业生也应该如此。千万不要说一些对学校不满的话，有时候对学校的忠诚可以直接上升到对企业的忠诚。另外，如果你应聘的职位是属于专业对口的技术岗位，要说出几门与岗位要求联系最紧密的课程名称，以及自己课外自学的课程，以显示出你的专业性和学习的主动性，这些都可以为面试加分。

大学毕业生一定要通过面试强调自己的专业优势，以得到应聘方的重视。

例如：

我在学校学习了金融学和相关专业的理论知识，如货币银行学、国际金融、国际结算，甚至投资银行理论与实务等。课余时间我通过各种方式提升电脑技术，掌握各种金融软件和财务软件，能够熟练地在网络上收集和处理各类金融信息。

这样把相关的学习经历罗列出来，面试人员就会对你有一个清晰的认知了。

3. 实践经历

对于有工作经验的人士来说，最好能够提供曾经在某些公司任职的相关经历。而对于应届毕业生来说，这项内容虽然薄弱，但也不能刻意逃避，最好能够热情地去表述和强调你在学校期间的一切实践经历。如在学生会的组织和领导工作，寒暑假兼职工作的经历，或者自己在生活中通过努力而做成的一些事情，等等。

实在没有实践经历，也不宜等到面试人员主动问时才被动回答，而应该表示对行业内发生的事情非常关注，对实际工作内容非常了解，并作出简单的评述。

例如：

贵公司的李建国经理一直是我的偶像，去年推出的"程序员系列培训软件"更是成为我们众多同学的收藏宝典。我一直记得李经理说过的，把人才合理地排列组合起来，是企业成功的捷径。

面试官听到你这么说，就知道你真地对本行业投入了相当的注意力了。

4. 总结陈词

做完一些基本的自我介绍之后，肯定要对自己这次应聘作出相关的总结。

总结时，要表达出你对应聘岗位的信心和决心，包括将招聘方的用人要求和个人优势结合起来,再次强调一遍。要让招聘人员看到你的诚意,看到你的职业理想和规划与这份工作甚至整个公司的发展是精准匹配的。

例如:

基于对互联网的精通和爱好,加上我自身的客观条件,结合贵公司的招聘要求,我相信贵公司就是能让我最大限度发挥才智的广阔平台。如果我有幸加入贵公司,我有信心,也会有能力为公司创造出最大的价值。

(二)自我介绍的注意事项

通过自我介绍,主动向面试考官推荐自己,这是面试组成结构的重要内容,同时也是面试测评的重要指标。自我介绍时应注意以下两点。

1. 自我介绍应以面试的测评为导向

聪明的应试者会结合招聘方的要求与测试重点组织自我介绍的内容,也就是不仅要告诉招聘方你是多么优秀的人,更要告诉对方:你是非常适合这个工作岗位,符合公司用人标准的。就像很多同学在校期间,参加学生会干部的选拔活动,他们只知一味地介绍自己的学习成绩,却忽略了学生会的用人标准是品学兼优并具备较强的组织能力。所以,我们在向他人介绍自己的时候应当有所侧重。

2. 自我介绍要有充分的信心

要想让用人单位欣赏你,首先就要自信。你必须明确地告诉考官自己具有应聘职位所必需的能力与素质,同时坚定地表现出你对此有信心。求职者在谈自己的优点时一个明智的办法是:保持低调。也就是轻描淡写,语气平静,只谈事实,不加入自己的主观评论。同时也要注意适可而止,重要的、关键的要谈,与面试无关的特长最好别谈。如前述学生会干部选拔,在竞聘中很多同学一味地强调自己学习好,其实这样说显得很苍白。如果你说,我不但学习好,还多次获校级、国家级奖学金,这就是事实胜于雄辩。

另外,谈过自己的优点后,也要谈自己的缺点,但一定要强调自己克服这些缺点的愿望和努力。特别需要指出的是,不要过分夸大自己的优点。因为,一方面从应试者的综合素养表现,考官能够大体估计出应聘者的能力;另一方面,如果考官进一步追问有关问题,应聘者也会手足无措。通过自我介绍,主动地向面试考官推荐自己,这是面试组成结构的重要内容,同时也是面试测评的重要指标。

第三节 面试的语言艺术

我们推销一种商品、推销一项计划时,也是在推销自己。求职面试的过程,某种意义上也是推销自己的过程。如何通过谈话和回答问题使自己能被招聘方接受从而获得心仪的工作,也是需要技巧的。

一个单位在选择人才时，它所关注的不只是求职者的学历，同时也十分注意求职者在学校获得的知识与技能，以及知识外的其他方面，诸如社交能力、实际工作经验、性格、特长爱好，等等。所以，一个求职者想要在众多的求职者中脱颖而出，就要有细致的准备。

一、求职面试的方式

从不同的角度，面试可以分为以下几种基本方式：

（一）单独面试与集体面试

1. 单独面试

单独面试是指一位或多位主考人员与一位应试者单独面谈、测试。其优势是能提供一个面对面的机会，让面试双方较深入地交流。单独面试有两种类型：

一是只由一位主管人员主持面试，对每位求职者依次进行面试，这种面试大多在较小规模的单位录用基础岗位人员时采用。

二是由多位主考人员组成考评组进行面试，每位主考者负责不同的方面，向求职者分别提出问题，然后根据其他有关情况进行评分，最后根据总分综合作出决定。

2. 集体面试

集体面试是指多位求职者同时面对几位主考人员的面试，也叫小组应试。集体面试常由主考人员出一个题目进行小组讨论。小组人员相互协调解决某一问题，而题目一般都取自于拟任工作岗位的专业需要或是现实生活中的热点问题，较为特殊、逼真和典型。

讨论中，主考人员偶尔也会提出问题，众主考人员通过观察、倾听并给每位求职者进行评分。这种方式极具挑战性，如让甲提问，让乙、丙、丁回答，再由甲来评论；或由主考人员提问，让众求职者进行抢答等，由此来测试求职者的多方面能力。

（二）一次性面试与分阶段面试

1. 一次性面试

一次性面试是指招聘单位对求职者的面试一次完成。在这种面试中，求职者能否被录用，甚至被录用于什么工作岗位，都取决于这次面试的表现。当招聘单位规模较大或是招聘较高职务人员时，主考人员的阵容就比较"强大"，常由招聘单位的人事部门负责人、任职部门负责人以及有关测评人员组成。面对这种面试，求职者必须认真准备，全力以赴。

2. 分阶段面试

分阶段面试是指招聘单位在众多求职者中挑选最合适的人选。随着面试过程的推进，使选择范围由大渐小，直到最后确定的一种招聘方式。分阶段面试大多有三个阶段，采用初试、复试和录用面试"三部曲"则最为常见。

（三）常规面试与情景面试

1.常规面试

常规面试是指招聘者和求职者面对面以问答形式为主的面试。在这种面试中，主考人员处于积极主动的位置，求职者多以被动应答的姿态出现。主考人员提出问题，求职者作出回答，力求较好地展示自己的知识、经验、能力与才华等。主考人员则根据求职者对问题的回答以及求职者的有声语言和体态语言的表达，面试中的思维和情绪反应等对求职者的综合素质作出评价。

2.情景面试

情景面试是结构化面试的一种，它突破了常规面试中主考人员和求职者一问一答的模式，而是包含了一系列与申请职位或工作相关联的场景问题。

例如：

某高校毕业生参加一家事业单位面试，主考官给的题目就是：小王在单位因为误会被领导批评，很难受，你如何劝说小王？请现场模拟。

二、面试前的准备

（一）正确评价自己

这个问题看起来很简单，但其实不然，人往往会过高估计自己，很多求职者亦因未能正确地评价自己而在求职场上落败。在市场经济发展的今天，能受到用人单位青睐的，正是那些具有丰富的专业知识和较强的实践操作能力的复合型人才，所以求职者在求职前先要进行自我评价、自我选择。

正所谓：知己知彼，百战不殆。正确认识自己要做到既不妄自菲薄，也不妄自尊大。比如从自己所具有的知识结构来选择对口的职业。俗话说："隔行如隔山"，外行遇到专业问题往往一筹莫展。

例如：

张飞是某商业大学的体育特长生，毕业后在一家令人羡慕的银行谋到职位。平时，他能为银行在本系统的运动比赛中争得优异成绩，但在业务方面却一窍不通，工作起来非常吃力。

可见，求职者选择职业时，不能只看到某职业的优越性，最重要的还是看它是否适合自己，对自己而言是否有发展的前景。了解自己的性格、爱好及知识结构类型，选择自己感兴趣的、合乎自己个性的职业。比如，你想当教师，那你是否热爱学生，有较强的语言表达能力？你想做业务推销员，那你是否具有胆量与耐心？你想当一名编辑，那你是否有较强的文字组织能力和文字处理能力？

例如：

一位饱览诗书的大学生，毕业后踌躇满志地去选择他最热爱的职业——教师，他满以为自己拥有丰富的知识，而且对教书育人有浓厚的兴趣，也就具备了当教师的素质，但他踏上讲坛时，却口齿不清、说话颠三倒四，无法把他所学到的知识用语言清楚地表达出来，只能站在讲台上着急。这样，试讲后被淘汰也是意料之中了。

从个人选择职业的角度来说，求职前要正确认识自己；而从单位选择人员的角度来看，求职者更应在正确估计自己的情况下去求职。

例如：

一位金融学专业的大学生，他的专业水平很高，但英语口语不好，他认为他有如此拔尖的专业技能，必定受用人单位的喜欢。当他满怀信心地到某家银行国际业务部面试时，第一轮就被淘汰了。国际业务部是一个需要较高英语口语水平的部门，这位大学生的口语水平不达标，当然落败。

这个大学生之所以失败，并不是因为知识少、能力低，而在于他未能正确地估计自己、估计职业的需求，从而盲目地去应试。假如他能去一个对英语口语水平要求不是很高的其他部门求职，或许会初战告捷。

（二）了解招聘单位

"知己"是认识自己，"知彼"是了解行业。对招聘单位的了解，不只是简单了解它的待遇福利，而是全面了解它的各个方面，包括它成立的背景、内部结构、管理者作风、工作原则、管理方式、人员的组成，等等。通过了解，可以减少盲目性。甚至面试前一天，求职者还要确认目标地址和行车路线，确认行车路线时，一定要充分考虑早高峰及堵车因素，提前规划好出行线路和出行时间。

（三）给招聘者良好的第一印象

一般情况下，许多招聘者在见到应聘者二三分钟后就已决定取舍了。由此看来，给招聘者的第一印象是最重要的。热情、诚恳、精神饱满、谈话充满激情的人在交往中往往会赢得人们的好感。因为热情是一种使人全身充满活力的精神，它能使人成为极富吸引力的、令人信服的人。

热情的外在表现形式可以是讲话时面带微笑，充满自信，声音洪亮。

比如：

见面后，面带微笑，仪态端庄，充满自信地说一声："你好，我是李强，我应聘推销员一职"。这样的表现定会使招聘者眼前一亮，"嗯，此人不错"的印象会印入脑际。

自我介绍熠熠生辉，会为求职者增添光彩。它要求你做到神态自若、充满自信、目视对方、口齿清晰、声音洪亮、语言简洁、表达有逻辑性，语词连贯。同时，自我介绍要坦诚，否则会为日后工作遗留隐患。

例如：

一位中文系教师到一家学校去应聘。校长问："你能讲哲学吗？"面对突如其来的提问，这位教师不知校长何意，于是微笑着如实回答："我在语文领域做得很好，除学校的课程外，咱们省的公务员考试应用文部分一直是我担任主讲。此外，我还担任商业大学兼职教授，主讲'口才实训'课。目前还不打算涉足其他领域。"

坦诚的回答令招聘者很是满意，这种回答既展示了教师的专业优势，又巧妙地拒绝了对方的"要求"，赢得了对方的好感。

在求职的时候要展示出自己的最佳状态，以热情、主动又不失诚恳的面貌赢得对方的好感。对于缺乏社会经验的大学生来说，只要做好必要的准备工作，求职应聘应成为你展示自我优势的窗口。

此外，要想在面试中有好的状态，求职者最好提早 10 分钟到达面试地点。可以用 5 分钟时间来调整呼吸，让自己平静下来，然后比规定提前 5 分钟进入面试单位。

（四）要机智，更要老练

在应聘过程中，应聘者经常会被问到为什么离开上一家公司。此时，机智、老练的回答就很有必要。

例如：

"你为什么放弃目前的工作？"回答"想挣更多的钱"或"我之前从事的是无出路的工作""我厌烦他们管理的办法"都不是明智之举。而"我不想离开我的工作，在这种环境中工作我很高兴，并且干得很好。但我认识到，我需要新的机会来使自己有所发展，而你们的招聘提供了这样的机会"显然更妥当。

由于事先有所准备，快速、简洁的回答会使招聘方耳目一新。求职常见的提问，如果事先做些准备，临场必能做到应答自如，机智、老练。

小贴士
常见的求职提问： （1）你为什么想做这份工作？ （2）你根据什么认为你能胜任这份工作？ （3）如果我们雇用你，你是否打算做这份工作？ （4）你对工资有什么想法？

（五）面试时要注重礼貌言词

礼貌言词体现在你所做的每一件事上，可谓"一举手，一投足"均见素质。比如我们前去应聘，步入见面场所之前，要关掉手机。路上遇到倾倒的拖把可以顺手扶起来，如果置之不理，则给人缺乏员工的归属感，是个人素质不高的表现。

另外，要记住对方的姓名，称呼时读音要准确，因为这体现的是对他人的尊重。若记不住对方姓名，重复是一个好办法。当招聘者自我介绍："我叫张晓明。"你马上回答："见到您很高兴，张晓明先生……"

再看另一个案例：

在一次招聘会上，一位来自重点大学的刘同学准备去应聘。

他走到了一家单位前，把简历放在了招聘人员的面前，什么话都没有说就坐下来，然后开口第一句话就是："你们这里是不是要招聘行政助理呢？"

招聘人员一脸惊讶，没想到这位年轻人如此不懂招聘礼仪。尽管这家企业求才心切，但依然拒绝了与这位刘同学的交流。

后来刘同学继续用同样的方法到其他招聘单位咨询，结果都大同小异。他无奈地同行的朋友慨叹："现在找工作真的是太难了！"

现在真的是找工作太难了吗？

其实，从上述场景可以看出，求职面试，不仅仅是递交简历这么简单，还需要在这个过程中恰到好处地展现出自己的综合能力，其中就包括为人处世的基本素质。

（六）带好必备品

应聘前应准备的物品包括：推荐表、履历表、自荐信（自我介绍信）、证明材料。自荐信要写得简明扼要，书写工整；材料要完整齐全、份数充足，为招聘单位提供方便。还需要笔和笔记本，一旦被要求写一下某些材料时好有所准备，给招聘单位留下素质高、工作意识强的印象。此外，要带好备用的个人简历、工作成果、介绍信、名片（或有个人姓名、电话、住址的卡片），它会助你在求职中赢得更多机会。

（七）做好讲话稿

"不打无准备之仗"应是求职面试的一条原则，事先做好下列准备工作很是必要的：

（1）你的教育状况和家庭背景。

（2）你的经历和技术水平。

（3）你的动机和志向。

（4）你的成就。

（5）你的业余爱好和群体关系。

（6）你的健康和体力。

（7）你的耐性、判断力等。

如把这些内容用简洁的语言整理出来，提前练习一下，求职面试时定会从容许多。

三、语言技巧

（一）化独白为沟通

很多求职者在进行自我介绍时，往往容易忽略一个问题，那就是脱离不了"自我"这个中心。在求职面试场上，如果应聘者在自我介绍时，一味在"我怎么样"的主题上兜圈，很容易使面试官反感。聪明的应聘者，应懂得如何化自我介绍为一场应聘者与面试官之间的谈话。

请看下面一例：

面试官：现在，请你来谈谈自己的情况。

求职者：……我选择的是建筑学专业，或许您会觉得奇怪，像我这样一个斯斯文文的姑娘，怎么会选择一个要经常下工地、搞设计的专业。我之所以选择这个专业，原因有多个……

这位求职者在自我介绍时，巧妙地把单调的"自我介绍"化为与对方的交谈，这样既减弱了"自我"的意识，又缩短了求职者与面试官之间的距离。

（二）把握问答的分寸

在应聘面试时，如果说得太少，招聘者就不能对你有充分的了解，也就减少了聘用你的可能；如果说得太多，就又犯了一个忌讳：你告诉招聘者的某些东西反而会导致他拒绝接受你。那什么是"把握问答的分寸、措辞的恰当"呢？也就是你说的话，一定要站在"与人为善"的角度上。例如不要动不动就反驳面试官的质疑，不要直接否定面试官的观点，更不要非议你原来工作单位的同事和领导等。

例如：

有一家公司在招聘公关主任时，提出了这样一个问题："我们公司目前经理与员工的关系很紧张。如果你当上了公关部长，打算站在哪一边？"很明显，这个问题是想试探你的协调思想和处理问题的能力，不管你是站在经理一边，还是站在员工一边，都会导致双方的矛盾升级。

正确的做法是，你要平衡双方的利益关系，对双方都采取友善的法则。你可以这么说："对于这个问题，我暂时没办法给出具体的意见，毕竟双方是因为什么事情闹矛盾我都没有搞清楚，贸然'站队'，是不负责任的做法。不过，就算双方真的有矛盾，我相信大家在'同一屋檐下'，都不希望公司被这些问题影响到。大家作为同事，彼此应该合作共赢、相互扶持才对。如果硬要我'站队'的话，我会选择站在中间，用我的能力消除双方的误会，更好地合作。"

这样回答，既能体现出你的协调意识，又不会给面试官钻空子刁难的机会，这种回答的"措辞"，就比较适合了。

再看另一个例子：

王海洋到一家公司找工作。他对经理说："你们需要有本事的推销员吗？"

"不需要！"

"那么采购员呢？"

"不需要！"

"那么工人呢？"

"我们现在什么人都不缺！"

"那么，你们可能需要这个东西。"

王海洋从提包中拿出一块精制的牌子，上面写着："本公司人员已满，暂不招聘。"

经理看了牌子，不由自主地笑起来，他打电话叫来人力资源部主任说："把他安排到公共关系部上班吧！"

幽默的言辞，诚恳的求职态度，精心的推销准备，使王海洋求职成功。"有本事的推销员"，言外之意他有本事，有推销才能；"采购员"说明他具有办事能力、营销能力；"工人"说明他具有实干精神，愿意从基层做起。从"有本事的推销员"降至工人，说明他求职目的明确，求职有诚意。遭到拒绝后，出示准备好的牌子，证明被拒绝在意料中。

上面三项无论哪项工作他都能够胜任，并且他知道求职面试面临的第一个问题就是被拒绝。所以他孜孜以求，愿意从基层做起，并且为自己的求职进行了一次成功的策划，因此"策划"应是他最合适的岗位。

另外，面试中面对不容争辩的问题时，最好通过举例而不是一般化的陈述来回答问题。

例如：

一位老师去中学应聘，校方问："我们学校教师很辛苦，最多的每周24节课，你能吃得消吗？"这位教师平静地回答："这与我们学校差不多，多年来，我们也是这样，课比较多，这学期，我就是上三门课，每周26节课，早已习惯了。"校方答曰："噢，那好。"如果简单地回答："没关系，我也可以上这么多课。"则无法展示自己的优势，回答就显得平淡。

面试中出现的可以争论的问题，需要进行考虑而后作答。

例如：

面试官问："可以谈谈你的志向吗？"较好的回答应是这样的："我要不断提高业务能力，在这个岗位上干两三年后，如果时机成熟，我愿意做一名中层干部，然后成为公司的管理者。"

这个回答既显示了自己的抱负又不得罪招聘者。

（三）巧妙应答

当受聘者被问到自己的某些特殊经历时，不应闪烁其词，而应该做明确的答复，同时不妨用组织巧妙并合乎情理的语言来回答。

例如：

问："为什么你的学分那么低？"可以这样如实回答："在校学习的关键时期，我的家庭经济陷入拮据，我的父母无力支付我的全额学习费用，但我又不愿放弃学业，便将全部业余时间都用在打工上了。现在我已经走过了那段艰难的岁月，但它留给我的是不断进取的信心，打工使我的交际能力和专业能力有所提高。"

诚恳而机智的回答，化解了招聘方的疑虑，也会对你产生好感：独立，有工作经验。

再例如：

"绝对挑战"栏目有一期招聘大区经理，招聘方问："你的简历上有三年的空闲没有填，这三年你在做什么？"应聘者面带难色，支支吾吾，最后尴尬道："我在上学。"其实倘若应聘者大大方方回答："为了更好地充实自我，更好地发展，我忍痛放弃了当时做的还不错的工作，上了三年学。"岂不是更好？免去了招聘方的疑惑而又向求职成功的方向转化。

在求职时，要多准备一些这样得体的回答备用，这样才能在应聘过程中从容应答。

> **小贴士☺**
>
> 常见的求职备用问题
> 1. 为什么你如此频繁地更换工作？
> 2. 你为什么被上一家公司解雇？
> 3. 为什么你目前的薪水低得和你的资历不相称？
> 4. 为什么你要应聘这个比你以前的报酬还要低的工作？

求职成功是应聘者事业成功的第一步，多数人难免紧张。可将自我介绍的讲稿写好，尽可能准备好常见提问，将常见的范式答案转化为自己的语言，事先在镜子前做一些练习，通过模拟演练来提高自己求职的语言技巧。

（四）围绕中心组织语言

在作自我介绍时，最忌漫无中心、东一句西一句，或者事无巨细，让人听了不知所云。求职面试中的自我介绍宜简不宜繁，它一般包括这些基本要素：姓名、年龄、籍贯、学历、学业情况、性格、特长、爱好、工作能力、工作经验等，对于这些不同的要素该详述还是略说，需要按招聘方的要求来组织材料，围绕中心说话。

假如招聘单位对应聘人的工作能力和工作经验很重视，那么，求职者最好从自己的工作能力及经验出发作详细的叙述，而且整个介绍都应以这个重点为中心。请看下面一例：

案例分析

这是××工艺品总公司招聘业务员时的一则对话。

面试官：我公司主要经营有地方特色或民族特色的工艺品，如北京的景泰蓝、景德镇的陶瓷、杭州的纸伞、潮州的抽纱等。这次招聘的对象主要是能开拓海内外业务的潮州抽纱、刺绣的业务员。现在，先请你介绍自己的情况。

求职者：我叫杨晓玲，1974年生于潮州市，今年毕业于××学校，是读市场营销专业的。我一直生活在潮州，在我读小学时，就在放学后帮妈妈，奶奶做抽纱活，先是学勾花，再学刺绣、抽纱，以后寒暑假也都做抽纱，帮家里添点经济收入。上到中专后，经过两年的专业学习，我掌握了营销方面的专业知识，这是我将来搞好业务的资本。我的口才较好，曾参加省属中专学校的口语竞赛，得了二等奖（递上奖状）。我这个人的特点是头脑灵活，反应快，平常爱看报纸，对国内外的经济发展动态很感兴趣。

点评：

这位求职者对自己情况的介绍，清晰明了，并且中心突出，有针对性。从以上的对话可知，这一招聘单位的招聘要求有：

（1）具有营销方面的知识。

（2）熟悉推销业务及对象。

（3）有较强的口头表达能力。

（4）有抽纱的工作经验。

这位面试者能围绕这些要求进行组织介绍的语言，她侧重从三个方面来介绍：

（1）读市场营销专业，具有市场营销方面的知识。

（2）生活在潮州，自小就懂得抽纱、刺绣的技术。

（3）口才好，头脑灵活。

可见，这位求职者的介绍非常符合招聘单位的要求。

另外，需要注意的是，作为给面试官建立第一印象的关键之处，良好而清晰的自我介绍，一定要说得沉稳、自信、诚恳，而且时间最好控制在三分钟以内。

（五）用事例说明成绩

在自我的介绍中，应尽量避免对自己作过多的夸张描述，一般不宜用"很""第一""最"等表示极端的词来赞美自己。在面试场上，有些人为了让面试官对他留下深刻的印象，往往喜欢对自己进行过多的夸张，如"我是很懂业务的""我是年级成绩最好的一个"，总是喜欢带着优越的语气说话，不断地表现自己。事实上，如果对自己作过多的夸耀，反而会引起面试官的反感。

谈论自己的话题，应尽可能避免一些夸大的形容词，把话讲得客观真实，尽量用实际的事例去证明你所说的，最好用真实的事例来证明你的才华。假如没有真实的业绩，用朴素、诚实的语言来介绍自己，为自己树立一个诚实朴素的形象，同样也可以达到较好的效果。

当然，很多应届毕业生在求职应聘时，相对于社会应聘人员，最大的劣势是工作和社会经验不足。这不仅影响到实际工作，还会让很多毕业生不知道如何与人共事。这些也是很多招收过应届毕业生的单位的烦恼所在。

上文提到过，求职者自身的某些缺点和不足，在面试中是不得不提及和表现出来的。当你把自己的劣势展示出来时，就应该努力去扭转局面，并想办法衬托和放大自己的优势。

例如：

孙文在招聘会上，找到自己心仪的公司，其展位的负责人看了看他的简历之后，直率地说："对不起，我们需要有工作经验的人，所以不招收应届毕业生。"

孙文见此，不紧不慢地说："你好！我想问一下，一张白纸和一张全是广告的报纸有什么区别吗？应届毕业生就是白纸，有绝对多的空间可以随意添上新鲜的东西。而那张报纸，就再也接受不了任何新的东西了，有什么不好也只能这样用着。当你觉得白纸比不上报纸的时候，其实说不定，这张白纸可以变成一副靓丽的图画呢？"负责人听到孙文这番话，笑着收下他的简历，给予了他试用的机会。

这就是把劣势转化为优势的一种应对方式。

当你需要处理自己的劣势时，你应该做到两点：

（1）强调自己只在某方面存在不足。

（2）强调不足属于过去，不会影响未来。

也就是说，你应该为自己的这些"不足"申辩，给出令招聘者心悦诚服的理由，让不足反衬出你的可贵之处。同时，还要表明自己已经认识到这种劣势，并不会让劣势持续影响到自己的未来，你会去修补、改善、提高。所以，主动出击，把劣势转化为优势，让招聘者全面了解你，不但可以更好地自我推销，更能让他们打消对你的某些顾虑。

四、面试对答的技巧

全球五大猎头公司之一的海德思哲 CEO 曾经说过，面试本质上只有三个问题：

Can you do the job？ 这活你能干吗？（考核能力）

Will you love the job？ 这活你爱干吗？（考核意愿）

Can we tolerate working with you？ 我们能和你共事吗？（考核团队合作）

"你为什么要加入我们公司？"这个问题考核的是意愿。也就是说面试官希望了解：你希望加入我们公司，到底是看中我们公司哪里好了？面试官都喜欢特别有意愿加入自己公司的求职者。因为有意愿就意味着你有努力工作的动力，你进入公司后，大家会觉得面试官招对人了；有意愿还意味着你不会很快离职，如果入职员工在试用期内离职了，面试官也是有责任的。

了解了以上信息，你准备面试的时候是否会更加有的放矢呢？毕竟在面试过程中，最能考验人的是对答这一阶段。自我介绍只不过是面试官以此对求职者获得初步的印象，而对答阶段，则是从不同角度去考求职者的应变能力、适应能力、专业水平、工作能力、性格爱好、处事方式、处世态度，等等。

对答阶段的问话，一般会出现下列主题和内容：求职的愿望、动机；求职者的专业水平、学历、知识结构；求职者的性格、兴趣、爱好特长；求职者的优缺点；求职者的工作经验等。在这些问题中，有普通的一般性的问题，也有需要谨慎思考作答的问题。总之，整个对答阶段就是对求职者综合能力的考察，它不仅需要求职者有丰富的学识，而且还需要求职者有敏捷的反应能力和准确的语言表达能力，而后者恰恰是众多求职者所缺少的。因此，必须在平时积累有关对答的技巧。

（一）普通问题对答技巧

所谓普通问题，是指在一般求职面试场上往往问得较为频繁，回答者只需根据自己的特点给予回答的问题。这类问题是相对于那些让求职者觉得为难的问题而言的，虽然这类问题看似普通，但也要讲究技巧，才会使你的回答更突出，给面试官留下更深的印象。

1.直言相告法

这种技巧，一般运用在实问实答、内容弹性很小的问题上，例如：专业方面、家庭背景、学历、业余爱好，等等。

直言是指说话直截了当，把与问题有关的事实坦率而明确地告诉面试官。

案例分析

请看以下一段面试对答：

"大学时，你学的是什么专业？"

"我学的是计算机科学专业。这是一个新的、具有很广阔的发展前景的专业，我对它非常感兴趣。"

点评：

这段答话可谓非常坦率，求职者把他的学业情况及自己的看法如实地告诉了面试官。由此，面试官可根据这一信息了解求职者的专业方向。

2.实例证明法

在回答问题时，往往不能笼统敷衍了事，一般不用概述的方式，最好能用具体的事实例子来说明自己的观点。这个"具体"有两个要求：一是从个人本身所具有的相应的内涵出发，切不可弄虚作假；二是事实、数据去说服别人。

案例分析

凤凰卫视的知名节目主持人曾子墨，在大学四年级时去参加面试。作为面试官的副总裁首先问道："你怎么证明你善于团队合作呢？"

曾子墨略一沉思，然后讲道："我在北京念书时，曾经先后两次参加军训。在40多天的军旅生活中，我与战友相互鼓励着在泥浆中匍匐前进，互相支持着在烈日下俯卧打靶，互相依赖着在黑漆漆的深夜里轮流站岗，互相扶持着翻山越岭急行军……所有的这些都教会了我四个字'团队合作'。"

后来曾子墨回忆起这次面试时说道："副总裁的身体坐得越来越直，原本无精打采的眼睛也变得炯炯有神。我确信，第二轮面试的名单里一定会有我的名字。"

结果也确实是如此。

这就是具体而真实的回答了。

点评：

招聘单位大都希望求职者有一定的工作经验。提到这种问题，意味着面试官想从你的回答中了解你是否有一定的实践经历。假如对答时只是简单地回答"有"或"无"，就无法达到面试官本来的目的，无法给人满意的回答。"有"就答出具体例子，"无"也应说出相应的原因。如上一段回答，就包含了两个方面：（1）是求职者读书期间所从事过的实践活动；（2）求职者本人对此项活动的体会。因此，曾子墨的回答显然是让面试官比较满意的。

3. 个性显示法

个性显示法主要是靠坦率的语言。在面试场上，由于求职者有戒备心，易吞吞吐吐，不敢将真实情感流露出来。这个"个性显示法"在某种场合，可缩短求职者与面试官之间的距离。

"坦率"对于一些求职者而言可能是一个较高的要求，但应注意，这里所要求的显示个性的坦率，并非是无话不说。比如，那些有伤大雅、会破坏自己的形象、有损招聘单位利益的话就无须"坦率"了。

例如：

有个猎头挖张明去某公司面试，面试官是公司 CEO，开场就问张明为什么要加入他们公司。实际上，张明当时并没有特别想跳槽，所以张明的回答是："这是猎头安排的面试。我目前在自己公司工作得挺开心的。"说完，张明明显感受到这位 CEO 有点意外。所以张明立刻补充："但是在猎头介绍之后，我看了贵司的一些报道，坚定了我来面试的决心。贵公司在细分行业内是全球排名第一的企业，你们的拳头产品的市场占有率超过 30%，去年底还赢了一个奖。另外，我还注意到贵公司长期赞助德甲，我其实也是一个球迷。"

通过这种方式，张明和公司 CEO 很快就聊得比较投机了。

（二）难题对答技巧

在求职面试过程中，除了一般性的问题外，还有一些很考验求职者情商和表达能力的问题，这类问题一般从以下几个方面提出。

一是与求职者有关的：你有没有自信心？你有没有工作经验？你的学业情况如何？你的求职动机、工作意向是什么？等等。

二是与工作单位有关的：你如何看待本公司？你将对本公司有什么贡献？如何看待×××部门这一职位？你要求的待遇是多少？如果公司的公事与你的私事有所冲突，你将如何处理？

这些都是会让求职者感到不好回答甚至尴尬的一些题目。这就要求求职者在回答难题时要注意技巧和方法。

1. 巧转话题，化弊为利

在求职过程中，当面试官向求职者提出一些问题，而求职者又不能不回答，但直接回答可能对自己不利时，就应该换个角度，巧换话题或巧换答案。下面这个例子可以为求职者提供借鉴。

案例分析

小丁通过某家公司的笔试之后，取得了面试的资格。面试官用咄咄逼人的口气问道："你为何离开原来的工作单位呢？是不是你的能力有问题？"

小丁意识到这个问题超出自己准备的范围，但依然强作镇定，微笑地回答："公司原来的项目告一段落，我觉得在其中已经发挥出自己的应有能力，所以我想寻找更有挑战性，更有发展空间的工作。贵公司正好适合我了。"

点评：

在求职应聘过程中，面试官一般不会问求职者一些"刁"的问题，但有些提问也会使你难于开口，以此来测试你的应变能力。

求职者经常会被问到这样的问题："你最大的缺点是什么？"这是个不是特别好回答的问题，所以，接触到这类问题时，求职者可以避实就虚，不必把自己的缺点和盘托出。因为出这一难题的面试官，他的本意大多不是想看求职者是否诚实，而是想借此考察求职者的应变能力。所以，对于这一类问题，求职者无须坦诚地揭露自己真正或想象中的缺点，相反，只要简单地说出自己的无伤大雅的缺点便可。经验丰富的求职者，更懂得利用这一点来表现自己，巧转话题，化缺点为优点。

如有些人是这样回答的：（1）我宿舍的同学老是抱怨我工作得太晚才回宿舍；（2）我这个人总是很心急，一有事就搁不下。这两种回答，其实是求职者懂得抓住这种机会，化不足为长处，从另一个角度看，这两种回答恰恰表现了求职者另一方面的优点。

2. 另辟蹊径，曲言婉答

在面试场上，对有些问题的回答，如果用确确切切的语言回答，只能使自己走上死胡同，又使对方难以接受，所以，有些时候就要另辟蹊径，避开正面话题，由远及近，由彼及此，最后才回到问题上去。

案例分析

问：我们招聘的人，要有两年以上的工作经验。

答：对于贵公司这种录用人的条件，我是很理解的。富有经验的人工作上手得快些，但是，有经验的人可能在其从事的工作中养成一些不易改的坏习惯，而产生一些不良的后果。我作为一名新手，可塑性强，适应能力较强，随时准备按贵公司的需要塑造自己，以更适应工作。至于工作经验，我也不是没有，大学时，我在不影响学习的基础上参加勤工俭学，从中获得了不少经验，虽然这些不是在专职工作中得来的，但毕竟也是一种经验的积累。

点评：

这类问题是一种"压迫性"的问题，是一个有意拒绝求职者、让求职者知难而退的问题。其实，很多公司在招聘时提及这些问题时，一般都是可硬可软的态度，并非是一成不变的强硬。假如求职者被这一问题吓倒，退避开来，也就面临着求职的失败。

面对这种问题，要知难而进，不要反唇相讥，或者无言以对，甚至一怒之下拂袖而去，应沉着想办法应付，从另一个途径说服面试官。以上这份作答，就显得很巧妙，求职者不但能说明"有经验的不一定好"，而且能进一步介绍自己的情况，可让面试官从原问题退出，进入到求职者的话题中去。

3.临场应变，智慧取胜

案例分析

公务员面试中，有这样一道题：你是一名执法交警，在执法过程中有一辆车违反了交通法规（矛盾点1），母亲下车后下跪（矛盾点2）称女儿是高龄孕妇不能受到惊吓（矛盾点3），请求你宽恕他们，旁边还有群众拍照（矛盾点4）。这时，你会如何处理？

有一位考生是这样回答的：各位考官，针对该突发情况，我会本着法律面前人人平等的原则进行处理，在具体处理过程中也要做到法情兼顾，刚柔并济。

一是要做好应急处理。（矛盾点2）我会立即半身扶起下跪的违法者母亲，将其安置在安全的区域进行后续处理。为了保证道路的畅通以及群众的安全，我也会协同同事疏散周围群众。（矛盾点4）在疏散的过程中，我要向拍摄的群众强调，我们警察执法是欢迎社会和群众的监督的；本次执法，我们的执法记录仪也是全程记录，如果因为有人故意将视频断章取义，造成了不良影响，将会被依法追究相关责任。

二是我会仔细地核实。（矛盾点3）通过与违法者交流、观察等方式核查违法者身体状况，如有不适，立即联系（交通）指挥中心和就近的医院，帮助送往就医。

三是要安抚当事人的情绪。（矛盾点1）我会向违法者和其母亲说明我们是人民的警察，执法的目的不是为了处罚，而是为了给大家营造安全的交通环境，相信她们也是乐意将来出生的孩子能够生活在一个安全有序的环境中。特别是作为高龄孕妇，更应该积极配合，抓紧时间接受处理，而下跪不仅不会减轻或撤销处罚，反而会（造成）影响交通秩序、阻碍执法等更严重的后果。

四是要保证执法的严肃性。（矛盾点1）在安抚其情绪的基础上，我会告知违法者和其母亲，其所违反的具体条款和处理结果，我会严格按照规定执行处罚措施。如果仍被继续纠缠，我会强调，该行为已涉嫌阻碍国家工作人员执行公务，如果不配合，下一步会通知辖区派出所进行传唤调查，通过强调执法的严肃性处理好此次事故。

最后要做好后续的工作。（矛盾点4）一方面我会随时关注网上的舆情动态，谨防不利舆情；另一方面，我会及时将此次执法过程如实总结汇报给领导，为以后更好地处理类似突发事件积累经验。以上就是我最知道的回答，谢谢各位考官。

点评：

分清轻重缓急是解答应急应变题型的最重要的原则。众所周知，应急应变重点突出的是"急"和"变"，即题干的情境设置往往是比较紧急的，对策的提出具有很大的时效性，这就要求考生在极短的时间内提出解决突发问题的建议。该案例中考生坚持"何为先、何为次、何为后"的逻辑，让最后的答案富有层次感。

4.灵活应对，不失礼节

案例分析

有一家中外合资企业的公关部，要招聘两名公关人员。面试官要求应聘者以公关人员身份接待"客人"，考察她们的人际交往和应变能力。

陈小姐应考。一位"客人"走进公关部。陈小姐："先生，请问您找谁？"客人："我找你们经理。"陈小姐："对不起，请您登记一下。"客人往前走，不予理睬。于是陈小姐拦住了他。客人不悦，说道："我同你们唐总打了多年交道了，还登什么记。"说完继续往里走，陈小姐茫然无措。评委中不少人摇头。看来陈小姐处理失当。

轮到金小姐应试时，"客人"又进门了，仍然说要找唐总经理。金小姐把客人让到沙发上坐下。金小姐微笑着问道："先生，请问您怎么称呼，让我向总经理通报一下好吗？"客人回答了他。她用电话通报后，笑容可掬地对客人说："对不起，让您久等了！总经理欢迎您的到来，请往里走吧！"客人满意地点头，评委们的脸上露出了笑容。

下面是李小姐应考，主考人给她打电话："喂，你是公关部吗？我是康泰公司总经理。我们现在有急事要用车，请你们支持一下马上派部小车来好吗？"李小姐："好的，我们马上就派去。"评委们认为这种处理方式太轻率了。另一位考官从旁插话说："这会儿公司没有小车在家。"李小姐便无言以对了。

轮到石小姐，她接到同样的要车电话。石小姐："康泰公司的朋友，很对不起，我们公司这会儿没有车，请您向别的单位借吧。"直来直去的语言，评委们仍不满意。

接着吴小姐应试，她接到电话后说："真对不起，我们公司的车都出去了。这样吧，我马上帮你向别的单位联系，找到车了立刻通知您，您看好吗？"这时考官和评委们都满意了。

点评：

该案例是考察公关人员的为人处事能力和方法。陈小姐劈头盖脸就问"请问您找谁？""请您登记一下"之类的话，显然太简单直接，做事没有经过思考，当然不被录取；而金小姐对人彬彬有礼，说话婉转有度，是个聪明能干的人；李小姐没了解具体情况就应承人家，显得轻率，所以评委们不满意；石小姐说话太直，而且有推卸责任之嫌，所以也没有被录取；吴小姐就比较有办事能力，她的回答既有礼貌，又讲出了实情，还想办法帮助对方解决问题，这才是公关部人员应该做的。

5. 不亢不卑，互相尊重

案例分析

钱小姐是某职业技术学院的学生，主学数控，选修文秘，应聘某知名集团公司的文秘岗位，面试中双方谈得非常愉快，接近尾声时，人力资源主管问她："对你来说，现在找一份工作是不是不太容易，或者说你很需要这份工作？"钱小姐说："那倒不见得。"主管果然就没有录用她。

点评：

钱小姐这句话，客观上可能是想表现自己的不卑不亢，主观上却流露出了一种傲气。假如你是钱小姐，该如何回答？如果这样回答："我希望得到这份工作，也自信有能力做好这份工作；但如果你们还有更合适的人选，我尊重你们的决定。"或许就能拿到这份工作了。

6. 站在招聘单位的立场上思考

案例分析

孙先生面试一路绿灯，过关斩将，最后人才资源主管问他："你为什么想进我们公司？"孙先生张口就答："你们公司的培训机会很多，我想将来好好学习。"没料到最后居然落选了。

点评：

你既然是想来学习的，那我们干吗要花钱雇你？不如回答："我看中的是贵公司的产业及发展前景……"因为企业首先考虑的是你能不能现在上手工作，所以别把恭维用错了地方。

7. 换位思考

案例分析

有一家公司需要聘请一位秘书，于是在几家报刊上刊登了招聘广告。结果应聘的信件如雪片般飞来。

但这些信件大多如出一辙，比如第一句话几乎都喜欢这样开头：

"我看到您在报纸上的招聘秘书的广告，我希望可以应征到这个职位。我今年××岁，毕业于××学校，我如果能荣幸被您选中，一定兢兢业业。"

公司人员资源主管对此很失望，正琢磨着是否放弃这次招聘计划时，一封信件给了她全新的希冀，认定秘书人选非这封信的主人莫属。

这封信是这样写的：敬启者：您所刊登的广告一定会引来成百乃至上千封求职信，而我相信您的工作一定特别繁忙，根本没有足够时间来认真阅读。

因此，您只需轻轻拨一下这个电话，我很乐意过来帮助您整理信件，以节省您宝贵的时间。

您丝毫不必怀疑我的工作能力与质量，因为我已经有15年的秘书工作经验。

后来，这位人力资源主管说：懂得换位思考，能真正站在他人的立场上看待问题，考虑问题，并能切实帮助他人解决问题，这个世界就是你的。

点评：

换位思考，知道却难做到。这是因为，我们习惯了从自己的角度看问题，习惯首先为自己谋取利益。

（三）面试对答应注意的问题

在进行对答时，应注意以下问题。

1. 语言要切题、得体

要做到语言切题、得体，一般要注意避免以下几种情况。

（1）回答范围过大

在回答前，一定要仔细思考面试官的问话，大题小做或小题大做都会给自己带来不利。比如，当面试官让求职者谈谈某方面的爱好时，要记住不要扯得太远，只挑一两个与工作关系密切，最能体现自己特性的爱好加以回答即可。

（2）过于自信

过于自信会导致说话会不顾及后果、一味自我感觉良好，这种旁若无人的自我夸奖，往往不会考虑他人感受，不但不会增加面试官对求职者的了解、赏识，反而会令对方反感。

（3）过于恭谦而不讨好

中国人素以恭谦为美德，但在求职场上过于恭谦并不一定适合。求职者不应总是在说一些很客套的话，如"不不，我做得不好"，"我可能说得不大对"，"我水平有限，答得不好"……这些谦语虽是在表现求职者的谦逊，但一再强调，会显得不自信，无形中也是在贬低自己。

2. 语言要详简适中

回答问题言简意赅，这并不是说求职者在面试时回答问题只简单地用"是"或"不是"作答。要知道，面试官是想通过具体的回答来了解求职者的情况，而不是只需要简单的答案。

3. 语气中要彰显个性

有些求职者错误地认为：在求职场上千万不要得罪面试官，因而回答问题时，会极力迎合面试官，甚至表现出唯唯诺诺。其实，不要得罪人与极力讨好人是两码事，过于迎合面试官的语言只会让人觉得你是个毫无主见的人。

拓展阅读　　世界 500 强企业出现频率最高的六道面试题

问题 1：你为什么觉得自己能够在这个职位上取得成就？

分析：这是一个相当宽泛的问题，它给求职者提供了一个机会，可以让求职者表明自己的热情和挑战欲。对这个问题的回答将为面试官在判断求职者是否对这个职位有足够的动力和自信心方面提供关键信息。

错误回答：我不知道。我擅长做很多事情。如果我能得到并且决定接受这份工作，我确信自己可以把它做得相当好，因为我过去一直都很成功。

评论：尽管表面上听起来这种回答可以接受，但是它在几个方面都有欠缺。首先，这种语言很无力。像"擅长做很多事情"以及"相当好"之类的话，都无法反映你的进取心，而如果不能表现出足够的进取心，你就很难进入最好的企业。另外，将过去做过的所有事情同这个职位联系起来，这意味着求职者对这一特定职位没有足够的成就欲望和真正的热情。

正确回答：从我的经历来看，这是我的职业生涯中最适合我的一份工作。几年来，我一直在研究这个领域并且关注贵公司，一直希望能有这样的面试机会。我拥有必备的技能（简单讲述一个故事来加以说明），我非常适合这一职位，也确实能做好这份工作。

评论：这是一个很有说服力的回答，因为它可以告诉面试官，这个求职者拥有足够的技能和知识来完成这项工作。他所讲的故事表明了求职者的技能，也验证了他最初的陈述。最后，求职者表示了"做好这份工作"的愿望，这证明了他具备对这份工作的热情和进取心。

问题 2：你最大的长处和弱点分别是什么？这些长处和弱点对你在企业的业绩会有什么样的影响？

分析：这个问题的最大陷阱在于，第一个问题实际上是两个问题，而且还要加上一个后续问题。这两个问题的陷阱并不在于你是否能认真地看待自己的长处，也不在于你是否能正确认识自己的弱点。记住，你的回答不仅是向面试官说明你的优势和劣势，也能在总体上表现你的价值观和对自身价值的看法。

错误回答：从长处来说，我实在找不出什么突出的方面，我认为我的技能是非常广泛的。至于弱点，我想，如果某个项目时间拖得太久，我可能会感到厌倦。

评论：这种回答的最大问题在于，求职者实际上是拒绝回答问题的第一部分。对第二部分的回答暗示了求职者可能缺乏热情。另外，基于对这一问题前两个部分的回答，求职者对后面的问题很难再作出令人满意的回答。

正确回答：从长处来说，我相信我最大的优点是我拥有高度理性的头脑，能够从混乱中整理出头绪来。我最大的弱点是，对那些没有秩序感的人，可能缺乏足够的耐心。我相信我的组织才能可以帮助企业更快地实现目标，而且有时候，我处理复杂问题的能力也会影响我的同事。

评论：这个回答做到了"一箭三雕"。首先，它确实表明了求职者的最大长处。其次，它所表达的弱点实际上很容易被理解为长处。最后，它指出了这个求职者的长处和弱点对企业和其他员工的好处。

问题 3：你是否曾经得到过低于自己预期的成绩？如果得到过，你是怎样处理这件事情的？

分析：通过对这个问题的回答，除了可以揭示求职者的热情和进取心外，还可以揭示求职者是否愿意为某一事业奋斗，是否愿意为追求公平而奋斗。

错误回答：记得有一次，我觉得应该得 B 但却得了 C，我去找辅导员，他给我看了我在每个项目上的得分情况——我处在 C 级的边缘但很明显是 C。我很高兴能核实一下而不是接受既定的分数值。

评论：这个问题开始时回答得很好，但最后却不尽如人意。从最初的情况看，求职者似乎愿意追查到底。但是后来很显然，他没有试图作出改变。

正确回答：我曾经和一个研究地球科学的教授有过一段令人记忆犹新的经历。这个人一向以偏袒理科生而出名，而我偏偏又不是理科生。在我们班上，所有的非理科生都感到，他对我们的知识基础有着非常不切实际的期望。由于他的偏见，这些非理科生大多都表现不好。尽管我表现还算不错，但我还是和其他学生一道向系领导发出了一份声明，建议校方审查一下他的教学方式。

评论：这种回答能够表明，这名求职者有能力克服困难处境，而且能够脱颖而出并居于领先地位。这样的回答还可以表明，这名求职者高度重视公平感。同时也表明了求职者十分关心集体利益。

问题 4：你曾经参加过哪些竞争活动？这些活动值得吗？

分析：通过调查你经历过的实际竞争场景，可以反映你对竞争环境的适应程度，也可以反映你的自信心。当竞争成为关键因素时，正是讨论小组活动或企业业务的一个绝好机会。

错误回答：从本质上说，我是一个竞争性很强的人。我认为，在所有我做过的事情中，我实际上都采取了一种竞争性的态度。毕竟，只有这样你才能在竞争激烈的企业界生存，对吧？

评论：这样的求职者阅读了太多关于鲨鱼和汉斯之类的故事，他这样回答让人感觉在企业界不是你死就是我活。尽管企业界是高度竞争的，但是企业中的人憎恨别人把自己看成是凶猛的梭子鱼。

正确回答：我喜欢小组运动，我一直都尽我所能参加这些活动。我过去经常打篮球，现在有时候也打。同小组一起工作、为实现共同目标而努力、在竞争中争取胜利……这些事情确实非常令人兴奋。

评论：这种回答表明，求职者能够正确看待竞争。这意味着他能够利用竞争力量在竞争中取胜，而不会毁掉同事的工作成果。

问题5：你怎样影响其他人接受你的看法？

分析：你的回答将告诉面试官，首先，你对影响别人有什么看法。其次，你影响别人的能力究竟有多大。

错误回答：一般情况下，这取决于这种想法的价值。如果这是一个好想法而且我所交往的人是通情达理的，那么，一般情况下，让别人接受我的想法不会太难。

评论：这种回答的问题在于，它并没有解决实际问题。这个问题实质上问的是你怎样对待那些不赞同你的看法的人。这个回答表明，你愿意在一种和谐的工作环境中工作，不喜欢不和谐的工作氛围。

正确回答：这是多年来我一直非常努力探索的一个领域。对于好的想法，甚至是伟大的想法，人们有时并不接受。我现在认识到这样一个事实，那就是你表达想法的方式同想法本身一样重要。当我试图影响别人时，我一般会假设自己处在他们的位置上，让自己从他们的角度来看待问题。然后我就能够以一种更可能成功的方式向他们陈述我的想法。

评论：首先，这个回答表明，你理解人际沟通的复杂性，知道使别人改变看法具有一定的难度。其次，这个回答还表明，你知道影响别人时运用策略很重要，而且也能够采用合理的方式说服别人。最后，这个回答还表明，你知道在沟通困难的情况下，沟通方式和沟通内容一样重要。

问题6：你的好友怎样评价你？

分析：通过这个问题可以了解求职者的个性。这个问题看起来与求职者的潜能无关，但它反映了一种趋势，那就是企业倾向于雇用有高尚道德标准和高超技能的人。

错误回答：我认为他们会说我是一个有趣的人。对我最恰当的评价就是，我喜欢努力工作和尽情娱乐。

评论：这种回答听起来似乎无懈可击，但是它却存在几个问题。首先，这种回答并没有对所提问题作出答复，还会让面试人怀疑求职者没有亲密的朋友。另外，这种回答也会让面试人怀疑"尽情娱乐"的本质，从而有可能提出更多具有杀伤力的问题。

正确回答：我的朋友对我很重要。在与朋友的交往中，最重要的是，彼此之间有互相依赖的感觉。我们都很忙，并不能经常会面，但在我可以称为亲密朋友的几个人中，我们都知道，大家随时可以互相依赖。

评论：这种回答反映了一种成熟感，如今的企业非常重视这种感觉。求职者的优良素质和对少数几个朋友的重视，都可以表明求职者的心理素质相当稳定。有关的故事听起来也必须真实，如果不真实就不要使用——因为这不会奏效。

[源自：世界 500 强企业出现频率最高、最常用六道校招面试题（含答案）——知乎（zhihu.com）]

拓展与应用

一、案例分析练习

案例分析一

请分析下面一段对话中，应聘者的应答好在哪里。

35 岁的下岗女工王某前往某大宾馆应聘保安员岗位，以下是王某与宾馆人事部经理对话的片段：

经理：你为什么喜欢到我们宾馆工作？

王某：贵宾馆是国内外知名的五星级宾馆，有豪华的建筑、一流的设施、优雅的环境……能有幸在这样的环境中工作，一定令人赏心悦目、心情舒畅。当然，贵宾馆吸引我的还有优厚的待遇。我原先工作的企业由于经营不善，已经倒闭，我被迫下岗，生活拮据，何况还要负担在某重点中学住读的女儿的生活与教育费用，所以我很希望找到收入较好的工作。

经理：这次我们招聘的岗位有大堂经理、公关助理，餐饮、客房部领班、服务员等，你为何选择保安员这个岗位？

王某：我知道贵宾馆用人的标准十分严格。您所说的那些岗位我觉得都不错，但是我已经失去年龄上的优势，也没有相关的工作经验，自知缺乏竞争能力。我倒觉得比较适合保安员工作，因为我在原单位曾担任过保卫科干事，熟悉保安工作的规律与特点。虽然责任重大，但富有挑战性，很适合我的性格。

经理：我们宾馆保安部一向只招男性员工，不知道女同胞是否合适？

王某：我想，既然宾馆是为男女老幼各色人等服务，总也有用得着女保安的地方。何况女性善于察言观色，第六感觉特棒。您知道"麦考尔警官"比"亨特"可细心多了。我原先在保卫科工作时，受过一些专门训练，学过擒拿格斗的基本技巧，而且还业余学过柔道。经理先生，您没发现我的体格很健壮吗？

案例分析二

下列应聘者都未被录用，请指出他的失误之处。

1. 招聘者对罗卡很满意，罗卡也感到愉快，心情舒畅。临别时招聘者问道："作为一名办公室文秘职员，请你谈谈你最重要的财富是什么？"罗卡开玩笑地回答："我过去一直这样认为，而且我猜想答案应该是：我烧得一手好菜。"

2.约翰找到一家银行,希望担任出纳员工作。他身着一套绿色的西服,看上去像是娱乐场的职员。见面后这家银行经理却说:"不必来拜访我们,我们会通知你的。"

3.伯利想赚点外快,于是他决定到一家高尔夫球厂去当球童,干点杂活。老板决定让他为球员捡球。这项工作不如背球棒的薪水高。于是伯利说:"我宁肯背球棒也不愿拣球。"当其他人都去干捡球或提背包的工作时,他却整天坐在家里。

4.在面试临近结束的时候,商店老板表示很满意,并将于今后几天内与雷德再见。"难道现在你不能告诉我能否得到这份工作吗?因为过几天我就要外出旅游了"。"噢?你不是告诉我,一得到通知就马上工作吗?""你最好别指望我坐下来等你的电话。""好吧,那我只能说,如果我们需要你就会与你联系的。"结果这位老板始终未给雷德打电话。

二、面试模拟练习

1.近日,某市出租车司机王师傅捡到一个钱包,送到附近派出所。派出所值班民警小杨根据钱包里的联系人信息,拨打联系人电话,却被误认为是骗子而挂掉电话。如果你是小杨,你会怎么办?

2.为了更好地对我市旧城区进行改造,合理规划打造焕然一新的城市面貌,领导打算派你去开展旧城区改造的前期调研工作,以便更好地制定相关政策,你觉得这一工作的重点是什么?

3.小李是你朋友,是省级机关公务员。他想辞职创业,但是他父母不同意,他在和父母商量这件事情时,和父母大吵了一架。你作为他朋友,会怎么劝说他?请现场模拟。

4.单位安排你作代表去参加一个表彰大会,大会主持人在你上台领奖的时候错把你当成单位领导,让你上台发表获奖感言,事发突然,你会怎么做?

5.领导在多个场合说2020年是极不平凡的一年,请你对"极不平凡"谈谈自己的看法。

6.家里装修,邻居说打扰了他的休息并向物业投诉,工人也抱怨说邻居不讲理,在规定的装修时间也不让装修,请问你怎么跟邻居沟通?请现场模拟。

教育部　国家语言文字工作委员会关于印发《普通话水平测试大纲》的通知

教语用〔2003〕2 号

各省、自治区、直辖市教育厅（教委）、语委，新疆生产建设兵团教委、语委，部属各高等学校：

为进一步提高推广普通话工作的制度化、规范化、科学化水平，完善普通话水平测试系统，现将依据《普通话水平测试管理规定》（教育部令第 16 号）和《普通话水平测试等级标准》（国语〔1997〕64 号）制定的《普通话水平测试大纲》印发你们，自 2004 年 10 月 1 日起施行。

《普通话水平测试大纲》是国家实施普通话水平测试的依据，各级测试机构和普通话水平测试员要严格执行，以确保测试质量。为方便实施《大纲》，国家测试机构将编写相应的指导用书。各级测试机构应根据《大纲》对普通话水平测试员进行培训，并开展科学研究。

请将执行《大纲》的情况和建议报教育部语言文字应用管理司。联系电话：010-66097030。

教育部
国家语委
二〇〇三年十月十日

普通话水平测试大纲

根据教育部、国家语言文字工作委员会发布的《普通话水平测试管理规定》《普通话水平测试等级标准》，制定本大纲。

一、测试的名称、性质、方式

本测试定名为"普通话水平测试"（PUTONGHUA SHUIPING CESHI，缩写为 PSC）。普通话水平测试测查应试人的普通话规范程度、熟练程度，认定其普通话水平等级，属于标准参照性考试。本大纲规定测试的内容、范围、题型及评分系统。

普通话水平测试以口试方式进行。

二、测试内容和范围

普通话水平测试的内容包括普通话语音、词汇和语法。

普通话水平测试的范围是国家测试机构编制的《普通话水平测试用普通话词语表》《普通话水平测试用普通话与方言词语对照表》《普通话水平测试用普通话与方言常见语法差异对照表》《普通话水平测试用朗读作品》《普通话水平测试用话题》。

三、试卷构成和评分

试卷包括5个组成部分，满分为100分。

（一）读单音节字词（100个音节，不含轻声、儿化音节），限时3.5分钟，共10分。

1. 目的：测查应试人声母、韵母、声调读音的标准程度。

2. 要求：

（1）100个音节中，70%选自《普通话水平测试用普通话词语表》"表一"，30%选自"表二"。

（2）100个音节中，每个声母出现次数一般不少于3次，每个韵母出现次数一般不少于2次，4个声调出现次数大致均衡。

（3）音节的排列要避免同一测试要素连续出现。

3. 评分：

（1）语音错误，每个音节扣0.1分。

（2）语音缺陷，每个音节扣0.05分。

（3）超时1分钟以内，扣0.5分；超时1分钟以上（含1分钟），扣1分。

（二）读多音节词语（100个音节），限时2.5分钟，共20分。

1. 目的：测查应试人声母、韵母、声调和变调、轻声、儿化读音的标准程度。

2. 要求：

（1）词语的70%选自《普通话水平测试用普通话词语表》"表一"，30%选自"表二"。

（2）声母、韵母、声调出现的次数与读单音节字词的要求相同。

（3）上声与上声相连的词语不少于3个，上声与非上声相连的词语不少于4个，轻声不少于3个，儿化不少于4个（应为不同的儿化韵母）。

（4）词语的排列要避免同一测试要素连续出现。

3. 评分：

（1）语音错误，每个音节扣0.2分。

（2）语音缺陷，每个音节扣 0.1 分。

（3）超时 1 分钟以内，扣 0.5 分；超时 1 分钟以上（含 1 分钟），扣 1 分。

（三）选择判断〔注〕，限时 3 分钟，共 10 分。

1. 词语判断（10 组）

（1）目的：测查应试人掌握普通话词语的规范程度。

（2）要求：根据《普通话水平测试用普通话与方言词语对照表》，列举 10 组普通话与方言意义相对应但说法不同的词语，由应试人判断并读出普通话的词语。

（3）评分：判断错误，每组扣 0.25 分。

2. 量词、名词搭配（10 组）

（1）目的：测查应试人掌握普通话量词和名词搭配的规范程度。

（2）要求：根据《普通话水平测试用普通话与方言常见语法差异对照表》，列举 10 个名词和若干量词，由应试人搭配并读出符合普通话规范的 10 组名量短语。

（3）评分：搭配错误，每组扣 0.5 分。

3. 语序或表达形式判断（5 组）

（1）目的：测查应试人掌握普通话语法的规范程度。

（2）要求：根据《普通话水平测试用普通话与方言常见语法差异对照表》，列举 5 组普通话和方言意义相对应，但语序或表达习惯不同的短语或短句，由应试人判断并读出符合普通话语法规范的表达形式。

（3）评分：判断错误，每组扣 0.5 分。

选择判断合计超时 1 分钟以内，扣 0.5 分；超时 1 分钟以上（含 1 分钟），扣 1 分。答题时语音错误，每个音节扣 0.1 分，如判断错误已经扣分，不重复扣分。

（四）朗读短文（1 篇，400 个音节），限时 4 分钟，共 30 分。

1. 目的：测查应试人使用普通话朗读书面作品的水平。在测查声母、韵母、声调读音标准程度的同时，重点测查连读音变、停连、语调以及流畅程度。

2. 要求：

（1）短文从《普通话水平测试用朗读作品》中选取。

（2）评分以朗读作品的前 400 个音节（不含标点符号和括注的音节）为限。

3. 评分：

（1）每错 1 个音节，扣 0.1 分；漏读或增读 1 个音节，扣 0.1 分。

（2）声母或韵母的系统性语音缺陷，视程度扣 0.5 分、1 分。

（3）语调偏误，视程度扣 0.5 分、1 分、2 分。

（4）停连不当，视程度扣 0.5 分、1 分、2 分。

（5）朗读不流畅（包括回读），视程度扣 0.5 分、1 分、2 分。

（6）超时扣 1 分。

（五）命题说话，限时 3 分钟，共 30 分。

1. 目的：测查应试人在无文字凭借的情况下说普通话的水平，重点测查语音标准程度、词汇语法规范程度和自然流畅程度。

2. 要求：

（1）说话话题从《普通话水平测试用话题》中选取，由应试人从给定的两个话题中选定 1 个话题，连续说一段话。

（2）应试人单向说话。如发现应试人有明显背稿、离题、说话难以继续等表现时，主试人应及时提示或引导。

3. 评分：

（1）语音标准程度，共 20 分。分六档：

一档：语音标准，或极少有失误。不扣分，扣 0.5 分、1 分。

二档：语音错误在 10 次以下，有方音但不明显。扣 1.5 分、2 分。

三档：语音错误在 10 次以下，但方音比较明显；或语音错误在 10—15 次之间，有方音但不明显。扣 3 分、4 分。

四档：语音错误在 10—15 次之间，方音比较明显。扣 5 分、6 分。

五档：语音错误超过 15 次，方音明显。扣 7 分、8 分、9 分。

六档：语音错误多，方音重。扣 10 分、11 分、12 分。

（2）词汇语法规范程度，共 5 分。分三档：

一档：词汇、语法规范。不扣分。

二档：词汇、语法偶有不规范的情况。扣 0.5 分、1 分。

三档：词汇、语法屡有不规范的情况。扣 2 分、3 分。

（3）自然流畅程度，共 5 分。分三档：

一档：语言自然流畅。不扣分。

二档：语言基本流畅，口语化较差，有背稿子的表现。扣 0.5 分、1 分。

三档：语言不连贯，语调生硬。扣 2 分、3 分。

说话不足 3 分钟，酌情扣分：缺时 1 分钟以内（含 1 分钟），扣 1 分、2 分、3 分；缺时 1 分钟以上，扣 4 分、5 分、6 分；说话不满 30 秒（含 30 秒），本测试项成绩计为 0 分。

四、应试人普通话水平等级的确定

国家语言文字工作部门发布的《普通话水平测试等级标准》是确定应试人普通话水平等级的依据。测试机构根据应试人的测试成绩确定其普通话水平等级，由省、自治区、直辖市以上语言文字工作部门颁发相应的普通话水平测试等级证书。

普通话水平划分为三个级别，每个级别内划分两个等次。其中：

97 分及其以上，为一级甲等；

92 分及其以上但不足 97 分，为一级乙等；

87 分及其以上但不足 92 分，为二级甲等；

80 分及其以上但不足 87 分，为二级乙等；

70 分及其以上但不足 80 分，为三级甲等；

60 分及其以上但不足 70 分，为三级乙等。

〔注〕各省、自治区、直辖市语言文字工作部门可以根据测试对象或本地区的实际情况，决定是否免测"选择判断"测试项。如免测此项，"命题说话"测试项的分值由 30 分调整为 40 分。评分档次不变，具体分值调整如下：

（1）语音标准程度的分值，由 20 分调整为 25 分。

一档：不扣分，扣 1 分、2 分。

二档：扣 3 分、4 分。

三档：扣 5 分、6 分。

四档：扣 7 分、8 分。

五档：扣 9 分、10 分、11 分。

六档：扣 12 分、13 分、14 分。

（2）词汇语法规范程度的分值，由 5 分调整为 10 分。

一档：不扣分。

二档：扣 1 分、2 分。

三档：扣 3 分、4 分。

（3）自然流畅程度，仍为 5 分，各档分值不变。

教育部　国家语言文字工作委员会关于印发《国家通用语言文字普及攻坚工程实施方案》的通知

教语用〔2017〕2 号

各省、自治区、直辖市教育厅（教委）、语委，新疆生产建设兵团教育局、语委：

现将《国家通用语言文字普及攻坚工程实施方案》印发给你们，请遵照执行。请及时总结经验，发现问题，将实施过程中的有关情况报我部语言文字应用管理司。

教育部　国家语委

2017 年 3 月 14 日

国家通用语言文字普及攻坚工程实施方案

为贯彻落实《国家语言文字事业"十三五"发展规划》，确保"到 2020 年，在全国范围内基本普及国家通用语言文字"目标的实现，推动"国家通用语言文字普及攻坚工程"（以下简称普及攻坚工程）有效实施，制定本方案。

一、总体要求

（一）充分认识在我国普及国家通用语言文字的重要意义

我国作为一个多民族、多语言、多方言的人口大国，树立国家通用语言文字认同感，有利于培育中华民族共同体意识、增进文化认同和国家认同，有利于弘扬以爱国主义为核心的民族精神，增强中华民族的凝聚力和向心力。加强国家通用语言文字推行力度、提高普及程度和应用规范水平，具有重要的政治和社会意义，不仅能够方便各地域间人们的沟通、各民族间的交流交往交融，也事关整个中华民族历史文化传承，将对维护国家统一和民族团结，建设中华民族共有精神家园产生重要作用。强国必先强语，强语助力强国。

（二）高度重视基本普及国家通用语言文字在国家发展大局中的重要作用

随着新型工业化、城镇化的深入发展，社会人口流动更加频繁，全国统一的劳动力市场逐步形成，迫切需要国民具备普通话的沟通能力和较高的语言文字应用水平，提升自身的综合素质。虽然我国的普通话平均普及率已超过70%，但东西部之间、城乡之间发展很不平衡，西部与东部有20个百分点的差距；大城市的普及率超过90%，而很多农村地区只有40%左右，有些民族地区则更低。中西部地区还有很多青壮年农民、牧民无法用普通话进行基本的沟通交流，这已经成为阻碍个人脱贫致富、影响地方经济社会发展、制约国家全面建成小康社会，甚至影响民族团结和谐的重要因素。扶贫首要扶智，扶智应先通语。

（三）准确把握普及攻坚工程的重点目标和主要任务

"十三五"期间，实现国家通用语言文字基本普及，是党中央、国务院为国家语言文字工作确定的首要目标。必须坚持创新、协调、绿色、共享、开放的发展理念，迎难而上。要结合国家精准扶贫、精准脱贫基本方略，结合新型城镇化和社会主义新农村建设，以农村地区和民族地区为重点，以劳动力人口为主要对象，摸清攻坚人群基本情况和需求，制定普通话普及攻坚具体实施方案，大力提高普通话的普及率，为经济发展提供新动力，为文化建设提供强助力，为打赢全面小康攻坚战奠定良好基础。

二、基本原则

（1）坚持政府主导，协同推进。落实地方政府主体责任，省级统筹，市级为主，县级实施，动员社会各方面力量参与，发挥中央支持政策的引导激励作用，形成攻坚合力。

（2）坚持突出重点，精准发力。综合地域、人口、经济、教育、文化等基础因素和条件保障，找准突出问题，聚焦薄弱地区和人群，集中力量打好攻坚战。

（3）坚持因地制宜，分类指导。统筹考虑地域差别和城乡差距，制定适合不同情况的具体办法，统一规划，分步实施，保证攻坚目标如期达成。

（4）坚持制度建设，注重长效。立足当前，着眼长远，着力加强语言文字工作基础建设，构建长效机制，提高治理能力，完善工作机制，确保国家通用语言文字推行普及工作常抓不懈。

三、工程目标

（1）总体目标。本工程的总体目标是确保"到2020年，在全国范围内基本普及国家通用语言文字"，具体设定为全国普通话普及率平均达到80%以上。

（2）区域和省级目标。根据现有的普通话基础和全国总体目标，各地要制定各自的具体目标和任务：

——东部地区重点是提高水平。各地要将普通话普及率提高到85%以上，对普及率较低的县域，要采取相应攻坚措施，确保在"十三五"末达到80%以上。

——中部地区重点是普及达标。各地要将普通话普及率提高到80%以上，对普及率较低的县域重点攻坚，至少提高到75%以上。

——西部地区重点是普及攻坚。各地要按照国家总体目标和地域实际情况制定具体目标。有条件的要力争将普通话普及率提高到80%以上；基础较差的要确保将普通话普及率提高到70%以上；特别困难的要加大工作力度，采取多种办法，确保每个县域的普及率在现有基础上至少提高10个百分点，原则上到2020年特殊困难县域的普及率不得低于50%。

（3）攻坚任务。

——各地对普及率已经达到70%以上的县域进行集中提高，其中75%～79.9%的县域争取于2018年年底之前、70%～74.9%的县域争取于2019年年底之前提高到80%。

——各地对普及率已经达到50%以上的县域进行普及攻坚，大幅度提高普通话普及率，力争至2020年年底之前实现一半以上的县域普及率达到70%，其中城市地区达到普及率80%的目标。

——各地对普及率50%以下的县域要加快工作进度，确保在2020年年底之前将各县域普及率提高10个百分点以上；原则上要将所有县域的普及率提高到50%以上，为进一步实现基本普及目标打好基础。

四、重点措施

（一）大力提升教师国家通用语言文字应用能力

（1）在各级各类校长综合培训和教师业务培训中，加入国家语言文字法律法规、方针政策和规范标准等内容，强化校长和教师的国家通用语言文字意识，确保普通话和规范汉字为教育教学的基本用语用字，为学生创设良好的国家通用语言文字学习使用环境。

（2）通过脱产培训、远程自学、帮扶结对等方式，使普通话未达到国家规定标准的教师，尤其是民族地区双语教师快速提高普通话水平。力争在"十三五"内使所有教师的普通话水平达标；民族地区双语教师的普通话能够胜任双语教学工作。

（3）严把教师入口关，新任教师普通话水平必须达到国家规定的标准。有条件的地区，可以进一步开展教师普通话水平提高培训和中华经典诵读教师培训，进一步提高教师的国家通用语言文字意识、语言文字应用能力和中华优秀语言文化传授能力。

（二）全面提升基层干部职工普通话能力

（1）切实发挥公务员在推行普及国家通用语言文字工作中的表率作用，加强对党政机关公务员及事业单位职员等基层干部的普通话培训。"十三五"内国家机关公务员的普通话水平应达到国家规定的相应等级标准。新录入公务员应具备相应的普通话水平。

（2）切实落实"国家机关以普通话和规范汉字为公务用语用字"的法律规定，重视并提高对基层干部国家通用语言文字意识和应用能力的要求。各地要加大对基层干部的培训力度，采取多种措施，通过集中学习、"一对一"互帮互学等有效方式，对不具备国家通用语言文字沟通能力的县以下基层干部进行专门培训，使其能够用普通话进行沟通交流，能够读懂国家通用语言文字政策文件，能够用国家通用语言文字写作公文。

（3）"十三五"期间，党政机关及学校、新闻媒体、公共服务行业的主管部门应采取多种措施，确保这些重点领域从业人员的普通话全部达标，为社会做出良好的表率，切实发挥带头示范和窗口作用。

（三）增强青壮年农民、牧民普通话应用能力

（1）以中西部农村尤其是西部民族农村地区为重点，创造学习条件，创新学习方式，结合当地旅游服务、产业发展等需求和农村职业技能培训，对不具备普通话沟通能力的青壮年农民、牧民进行专项培训，使其具有使用普通话进行基本沟通交流的能力，并进一步达到工作就业和职业发展所需要的水平，提高就业竞争力，拓展职业发展空间。

（2）外来务工人口较多的城市，应将外来常住人员纳入本地语言文字工作范围，将普通话培训纳入职业技能培训的重要内容，增强外来人员适应和融入本地生活的能力以及参与城市建设工作的能力。

（3）参与对口支援建设工作的省市，要将语言文字工作支援列入援助工作的重要内容，采取有力措施，切实帮助受援地青壮年农民、牧民提高普通话交流水平，提升其自主就业和创业的能力，提升当地经济发展"造血"能力。

五、条件保障

（一）强化政府责任

各地要将基本普及国家通用语言文字作为全面建成小康社会和"十三五"脱贫攻坚的重要基础工作，明确县级以上各级人民政府责任，结合本地区实际情况，加强统筹规划，制定时间表和路线图，细化具体措施，确保攻坚目标如期达成。教育部、国家语委要加强统筹协调，跟踪了解各地普及任务完成情况，及时发现问题，总结推广有益经验，并建立定期监测机制，及时全面掌握国家语言文字基础情况。

（二）加强督导验收

各地要以县为单位对基本普及国家通用语言文字情况进行逐个验收，结果向社会公布。各地要把普及国家通用语言文字作为考核地方政府教育和语言文字工作实绩的重要内容。

国家语委将联合国务院教育督导部门，以地市为单位，重点对西部和民族地区开展语言文字专项督导。

（三）加大经费投入

各地要根据本地区的普及攻坚任务和目标，按照各级人民政府的责任，保障经费投入，确保各项攻坚措施有效实施。语言文字工作各相关部门和行业应确保语言文字工作经费投入，依法落实本领域国家通用语言文字的普及要求。教育部、国家语委将加强资源统筹，重点对西部地区尤其是民族地区普及攻坚工作给予支持。

（四）发挥学校作用

学校是推行普及国家通用语言文字、培养国民语言文字规范意识的重点领域，学校教育是提高国民语言文字应用能力的主要渠道。各级各类学校要重视加强学校的语言文字工作，通过学校语言文字规范化建设工作，创造良好的普通话使用环境，确保学生具有较强的语言文字规范意识和语言文字应用能力。同时注意发挥学校对社会和家庭的辐射带动作用，鼓励学生帮助家长学习提高普通话水平，提供条件、鼓励教师积极承担本地青壮年农民、牧民的普通话培训等相关工作。

（五）加强宣传动员

坚持推广普通话"以党政机关为龙头、学校为基础、新闻媒体为榜样、公共服务行业为窗口"的方略，充分调动语言文字工作各相关部门的积极性，各负其责，各尽其力，从本部门和本行业的特点出发，加大本领域推广普及力度。加强政策宣传引导，积极构建平台网络，鼓励和吸引企业、社会团体为国家通用语言文字普及贡献力量。

参考文献

1. 魏雪 . 普通话与口语交际训练 [M]. 北京：电子工业出版社，2011

2. 李衍华 . 说话的逻辑与技巧 [M]. 北京：北京大学出版社，2011

3. 彭莉佳 . 嗓音的科学训练与保健 [M]. 上海：上海音乐出版社，2012

4. 河北省语言文字培训测试中心 [M]. 普通话水平测试指导用书 . 北京：商务印书馆，2012

5. 吴应强 . 演讲口才训练与实用技巧 [M]. 北京：海潮出版社，2013

6. 王洋 . 口语表达技巧与声音训练 [M]. 北京：清华大学出版社，2013

7. 胡伟、邹秋珍 . 演讲与口才 [M]. 北京：清华大学出版社，2013

8. [美] 理查德•保罗 . 批判性思维课工具（第 3 版）[M]. 北京：机械工业出版社，2013

9. 范燕生，周海兵 . 新编普通话水平测试应试指南 [M]. 北京：首都师范大学出版社，2014

10. [美] 杰瑞米•多诺万 . TED 演讲的秘密：18 分钟改变世界 [M]. 北京：中国人民大学出版社，2014

11. 董乃群 . 演讲与口才实训教程 [M]. 北京：清华大学出版社，2014

12. 张子泉 . 演讲与口才实用教程 [M]. 北京：清华大学出版社，2015

13. 蒋红梅，张晶，罗纯 . 演讲与口才实用教程 [M]. 北京：人民邮电出版社，2015

14. 贾毅，叔翼健 . 普通话语音与科学发声训练教程 [M]. 北京：中国传媒大学出版社，2015

15. 殷亚敏 . 练好口才的第一本书 [M]. 北京：民主与建设出版社，2015

16. 国家语音文字工作委员会培训测试中心 . 普通话水平测试实施纲要 [M]. 北京：商务印书馆，2016

17. 李秀然 . 普通话口语训练教程（第 2 版）[M]. 北京：中国传媒大学出版社，2017

18. [英] 斯蒂芬•杨 . 说话心理学：渗透潜意识的语言说服力 [M]. 北京：人民邮电出版社，2017

19. 宿文渊 . 说话心理学 [M]. 长春：吉林出版集团股份有限公司，2018

20. 臧宝飞 . 演讲与口才 22 堂自我训练课 [M]. 北京：中国国际广播出版社，2018

21. 庞白 . 演讲与口才自我训练 12 法则 [M]. 北京：九州出版社，2018

22. [印] 拉玛•瓦伊迪耶纳坦 [M]. 你真好听：好声音训练法 . 北京：人民邮电出版社，2018

23. 张皓翔 . 声音的魅力 [M]. 长沙：湖南文艺出版社，2019

24. 殷亚敏 . 21 天掌握当众讲话诀窍 [M]. 长沙：湖南文艺出版社，2020

25. 陈浩宇 . 逻辑思维与口才 [M]. 北京：中国友谊出版公司，2021